·数智管理系列·

企业合规管理
数智时代财税管理的 运营法则

林燕彬 ◎ 著

企业管理出版社
ENTERPRISE MANAGEMENT PUBLISHING HOUSE

图书在版编目（CIP）数据

企业合规管理：数智时代财税管理的运营法则 / 林燕彬著 . —北京：企业管理出版社，2024.1

ISBN 978-7-5164-2999-0

Ⅰ.①企⋯ Ⅱ.①林⋯ Ⅲ.①企业管理—研究 Ⅳ.① F272

中国国家版本馆 CIP 数据核字（2023）第 249718 号

书　　名：	企业合规管理：数智时代财税管理的运营法则
书　　号：	ISBN 978-7-5164-2999-0
作　　者：	林燕彬
责任编辑：	徐金凤　黄爽
出版发行：	企业管理出版社
经　　销：	新华书店
地　　址：	北京市海淀区紫竹院南路 17 号　　邮　　编：100048
网　　址：	http://www.emph.cn　　电子信箱：emph001@163.com
电　　话：	编辑部（010）68701638　　发行部（010）68701816
印　　刷：	三河市荣展印务有限公司
版　　次：	2024 年 1 月第 1 版
印　　次：	2024 年 1 月第 1 次印刷
开　　本：	710mm×1000mm　　1/16
印　　张：	16.5
字　　数：	240 千字
定　　价：	68.00 元

版权所有　翻印必究　·　印装有误　负责调换

前言 PREFACE

　　随着全球化和数字化的迅速推进，以及法律法规的复杂性，不同国家和地区的法律法规变得愈发复杂多样。企业需要遵守各类规章制度，以确保其经营活动合法合规。近年来，一些企业丑闻引发了对企业合规管理的深刻反思。这些事件说明一些企业在合规方面的缺陷，使得公众对企业道德和诚信产生了担忧。企业合规管理的研究旨在从过去的教训中吸取经验，推动企业建立更加健全的合规体系。随着企业全球化步伐的加快，企业不得不面对不同国家和地区的法律法规差异，而合规管理能够帮助它们降低跨国经营中的法律风险和运营风险。

　　数字技术的飞速发展为企业带来新的商业机遇，但也带来了新的合规挑战。数据隐私、网络安全等问题在数字化时代日益突显。合规管理的研究不仅需要关注传统领域的合规要求，还需要着眼于数字化时代的新问题，确保企业在数字环境中稳妥运营。研究合规管理对于确保企业在法律、道德和社会要求的框架内运营，并为可持续发展做出贡献至关重要。

　　合规管理在现代企业中的起源可以追溯到20世纪的美国反垄断领域。在20世纪五六十年代，许多美国电气设备制造公司涉及串通价格、瓜分市场等反竞争行为，引起政府的反垄断指控。除了罚款之外，政府还要求一些公司采用反垄断合规体系。1966年，美国联邦交易委员会主席提出了如果公司存在符合法律的内部体系，在有效监督和诚实运营下，如果违规仅仅是粗心造成的，并迅速得到了纠正，那么公司对监管机关的承诺是可信的，从而也促使很多公司开始建立反垄断合规体系。

另一个重要的合规管理起源点是美国于1977年颁布的《反海外腐败法》。在20世纪70年代，水门事件爆发，检察官发现很多公司在1972年总统选举中提供非法政治献金。证监会和税务署随后发现非法贿赂和回扣在公司商业实践中非常普遍。同时还发现美国的跨国公司为获取交易机会，一直使用公司资金贿赂外国政府官员。为遏制企业贿赂和恢复公众信任，美国通过《反海外腐败法》，要求上市公司在贿赂、回扣、记账等方面执行更为正式的合规政策，尤其是涉及财务记录和资产分配方面。该法律在企业合规发展史上具有特殊意义，因为它要求企业对资金往来进行准确的会计记录，从而介入了企业内部控制体系的建设，被一些人称为合规之正式渊源。合规管理的溯源可以追溯到美国反垄断法合规和反海外腐败法合规。这两个起源点推动了合规概念的发展，并促使企业建立完善的合规风险防控机制，以遵守相关法律法规并维护公平竞争与诚信经营。随着时间的推移，合规意识不断深入人心，并在全球范围内得到了广泛应用和推广。

企业合规是企业建设稳固发展的基石，在当今复杂多变的商业环境中，企业合规问题是一项至关重要的管理任务。合规是指企业在其业务活动中遵守法律、法规、行业标准、道德规范等方面的要求。若企业在合规方面存在疏漏或忽视，将可能导致巨大的风险和不良后果，甚至可能威胁企业的生存和发展。

决策合规风险——企业的决策是其发展的指南针，决策合规风险是指企业主和管理者的决策可能违反法律法规，导致产生风险管理问题。合规性应始终纳入决策过程中进行考量，确保决策方向合法合规。

管理合规风险——企业的管理过程中存在着管理合规风险，特别是授权管理、印章管理和经营管理过程中的系统性风险。其中印章管理风险更为突出，因为印章是表达公司意志的工具，若管理混乱将导致严重后果。

人事合规风险——人事合规风险涵盖了招聘、员工培训、员工福利、解聘、工伤等与员工相关的合规问题。建立完备的人事劳动制度和秘密保护制度，避免用工风险，是确保企业稳健运营的关键。

合同合规风险——合同是企业对外合作、盈利、发展的必要手段，合同合规风险包括合同订立、履行、解约等过程中的合规问题。在合同订立时应留意对方资质、合同设计的操作性、违约责任等，避免因合同风险导致损失。

产品合规风险——企业生产的产品必须符合行业标准和法规，否则将面临违法违规风险。产品合规风险涉及产品设计、质量管理等，其对企业商誉具有重要影响。

商业贿赂合规风险——商业贿赂是反不正当竞争法和刑法规定的重要违法行为，这会对企业声誉造成严重影响。企业应建立清晰的商业合作机制，避免违反法律法规。

财税合规风险——财税合规涉及财务和税务方面的合规问题，包括税收优惠、纳税申报等。企业应注重税收合法合规，避免违规行为。

知识产权合规风险——知识产权的保护对企业创新发展至关重要。企业应建立完备的知识产权保护制度，防止侵权行为，维护企业的创新成果。

数据合规风险——随着互联网的兴起，数据合规性日益受到关注。企业应遵守数据保护法规，确保用户数据安全和合法使用。

企业合规不仅是企业的基本责任，也是企业健康发展的基石。建立健全的合规制度和规范，加强对合规问题的敏感性，是企业管理的必然选择。持续关注法律法规的变化，积极应对新挑战，将有助于企业在竞争激烈的市场中稳健前行，实现长期繁荣。只有合规经营，企业才能走得更远，赢得持久发展。

合规管理的未来展望涉及许多方面，在数字化和自动化方面，随着技术的不断发展，合规管理将更多地采用数字化和自动化的方式。机器学习、人工智能和自然语言处理等技术将被广泛应用于合规领域，帮助企业更高效地处理大量数据、识别风险，并实时监测违规行为。在跨边界合规方面，随着全球化进程的不断深入，跨国企业将面临更复杂的合规挑战。国际合规标准和法规的不断变化，将促使企业在不同国家和地区之间建立更紧密的合规协调和沟通。在企业透明度和责任方面，消费者和投资者对企业的透明度和社会责任感日益关注，未来的合规管理将更加强调企业对社会和环境的积极影响。企业需要主动展示其合规措施，并在违规行为发生时，积极采取措施追求公平的解决方案。在数据隐私和安全合规方面，随着数据泄露和隐私问题不断出现，数据隐私和安全合规将成为重点。未来的合规管理需要重视对个人数据的保护，确保企业遵守相关法规，保护客户和员工的隐私权。在绿色合规方面，随着环保意识的提高，绿色合规将成为未来的趋势。企业将需要遵守更严格的环保法规和标准，降低对环境的负面影响，并推动可持续发展。在合规文化方面，未来的企业将更加重视建立合规文化，将合规纳入日常运营和管理的各个层面。员工教育和培训将在合规管理中扮演更重要的角色，确保员工对合规政策的理解和遵守。

总的来说，未来合规管理将越来越依赖技术的支持，更加全球化和综合化，注重可持续性和社会责任，并贯穿企业文化中。随着时代的发展，合规管理的形式和重点会不断变化，但合规始终是企业长期成功和稳定发展的基石。

2023 年 10 月 28 日

目录 CONTENTS

第 1 章　企业合规时代　/ 001

1.1　企业合规向前发展　/ 006
1.1.1　企业规范和企业合规　/ 007
1.1.2　时代的要求　/ 011

1.2　企业合规管理概论　/ 013
1.2.1　企业合规管理的内涵　/ 014
1.2.2　企业合规管理的特征　/ 015
1.2.3　企业合规管理的原则　/ 017
1.2.4　企业合规管理的意义　/ 019
1.2.5　我国企业合规管理历程　/ 023

1.3　企业合规重点　/ 025
1.3.1　从财务的角度分析　/ 025
1.3.2　从税收的角度分析　/ 032
1.3.3　从法务的角度分析　/ 035
1.3.4　从业务的角度分析　/ 037

1.4　企业合规热点　/ 039
1.4.1　知识产权保护合规　/ 040

1.4.2 数据隐私合规 / 040
1.4.3 财务报告合规 / 044
1.4.4 税务合规 / 045
1.4.5 环境保护合规 / 047

第 2 章　企业合规风险与内部控制 / 053

2.1 企业合规风险 / 058
　　2.1.1 企业合规的重要性与风险管理 / 058
　　2.1.2 合规风险的类型 / 062
　　2.1.3 企业合规与刑事风险防范 / 063

2.2 企业合规能力提升 / 069
　　2.2.1 高管合规管理能力提升 / 070
　　2.2.2 合规组织管理 / 072
　　2.2.3 合规文化和道德价值观 / 075
　　2.2.4 风险评估和管理 / 077

2.3 内部控制 / 080
　　2.3.1 建立企业合规体系 / 081
　　2.3.2 企业资产管理合规 / 085
　　2.3.3 企业股权制度合规及股权架构设计 / 092
　　2.3.4 企业合规管理能力综合提升 / 093
　　2.3.5 企业合同合规审查及合同风险管理 / 094

2.4 专项合规管理：财务与税务 / 100
　　2.4.1 财务合规 / 101
　　2.4.2 税务合规 / 104

第3章 企业税务合规 / 111

3.1 税务合规的基本原理 / 116
- 3.1.1 税务合规的渊源 / 117
- 3.1.2 税务合规的基本原则 / 119
- 3.1.3 税务合规要素 / 123
- 3.1.4 企业税务风险分类 / 125
- 3.1.5 税务合规风险的应对措施 / 127

3.2 税务合规的相关规定 / 129
- 3.2.1 增值税 / 129
- 3.2.2 消费税 / 134
- 3.2.3 企业所得税 / 136
- 3.2.4 征收管理 / 139

3.3 税务合规体系的建设 / 143
- 3.3.1 税务风险管理制度 / 143
- 3.3.2 税务风险识别与评估 / 146
- 3.3.3 税务风险管理 / 150
- 3.3.4 税务筹划 / 155

第4章 企业财务管理、公司治理与合规审计 / 163

4.1 企业财务管理 / 169
- 4.1.1 健全企业合规管理体系 / 169
- 4.1.2 基于业务发展的财务合规管理 / 171

4.2 公司治理 / 175
- 4.2.1 公司治理合规概述 / 175

4.2.2 公司治理合规风险识别 / 179

4.2.3 公司治理合规措施 / 181

4.3 企业合规审计 / 187

4.3.1 企业合规审计概述 / 187

4.3.2 合规审计依据 / 190

4.3.3 内部审计 / 192

4.3.4 企业合规审计的原则、分类和方法 / 197

4.3.5 企业合规审计的内容 / 202

4.3.6 企业合规审计的程序 / 207

第 5 章 企业合规运营、管理与应用 / 215

5.1 企业合规运营 / 220

5.2 企业合规管理 / 227

5.3 企业合规应用 / 232

参考文献 / 241

第 1 章

企业合规时代

在当今全球化的商业环境中，企业面临着越来越多的法律和合规要求，必须不断地适应和遵守这些要求，以确保其商业运营的可持续性和长期发展。目前，企业合规已经成为一个越来越重要的话题。合规管理的内涵是多元而广泛的，它涵盖了从制定合规政策和内部规范，到监督执行情况，再到持续监测、识别、预警、防范和控制合规风险的各个环节。全员参与是合规管理的重要特征之一。每一位员工都需要深刻认识到合规的重要性，将合规要求贯穿日常工作中，以个人行为的合规为基础，共同维护企业的合法性和规范性。这不仅是企业道德责任的体现，还直接关系到企业形象、声誉和可信度。在未来的发展中，企业合规将持续向前发展，不断演变和创新。企业需要将合规作为核心价值观和商业战略的重要组成部分，树立合规文化，强化内外部合作，提升员工的合规意识和能力。

> 开篇
> 案例

比亚迪：完善的知识产权合规体系

在汽车制造、电池和新能源等行业中存在企业违规的情况，包括传播误导性信息、不符合环保标准、违反知识产权合规管理等。具体来说，企业夸大宣传新能源汽车的性能和环保效果并隐藏某些重要的性能参数，这违反了公平交易原则。而企业生产过程忽视的环保标准会产生重大的环境污染和水土污染。同时，知识产权违规也是一个严重的问题，某些企业可能基于成本考虑，未经许可使用他人的技术专利，或者未经授权模仿他人的设计，这种行为不仅侵犯了其他企业的权益，也亵渎了知识产权的公正。建立健全合规管理体制能够有效加强企业的内部控制，良好的合规管理可以有效避免企业出现商业信息泄露、财务造假等问题。

一、公司简介

比亚迪股份有限公司（以下简称比亚迪）是一家高新技术制造企业，创新是比亚迪实现可持续发展的必由之路，知识产权是比亚迪发展的核心竞争力。比亚迪成立于1995年，1997年公司设立知识产权办公室，该办公室设立的初衷即进行专利申请。比亚迪成立之初，国内尚没有企业拥有二次充电电池的独立知识产权，比亚迪在进行相关技术的投入和研究后，希望为这些技术申请相应的专利，以便成为具有独立知识产权的电池企业，从而获得更多客户的认可。比亚迪尊重他人知识产权，注重保护自主知识产权，并以助力绿色战略的安全发展为目标，开展知识产权合规管理。

二、合规管理实施及其效果

比亚迪凭借质优价廉的锂电池迅速占领市场，对主要竞争对手造成威胁，竞争对手以专利侵权为由在海外将比亚迪推上被告席，使得发展良好的比亚迪陷入非常被动的局面，至此比亚迪深刻意识到知识产权的重要性。在此背景下，比亚迪制定了知识产权战略，以"知识产权为公司发展保驾护航"为宗旨，并提出十六字方针：自主创新、持续积累、合理布局、灵活运用。在比亚迪知识产权合规管理体系建设中，安全自由经营是初衷，风险规避是目的，合规管理是手段。比亚迪通过合规意识打造、合规规则设置和合规投入支撑，建立起有效的知识产权合规管理体系。

（一）合规意识打造

为保证公司的安全自由经营和长远发展，比亚迪把注重保护自主知识产权、禁止侵犯他人知识产权的合规理念植入每位员工的意识中。从决策层到管理层再到基层，比亚迪始终通过教育、培训和实际工作经验等方式全员灌输知识产权合规及保护的理念。由于公司高层对这一理念有深入的理解，基层员工也能在日常业务工作中明确并准确执行内部知识产权合规规则，从而可以有效地规避知识产权风险。

为了保障知识产权合规管理的落实，比亚迪建立了包括公司层级和部门层级的二级管理制度。在公司层级上，外部的法律法规被转化为内部的管理目标，结合公司独有的内部管理模式，形成了对全公司人员具有约束力的公司级制度。在部门层级上，依据公司级知识产权合规管理制度，结合各个部门业务的操作模式设计，将公司级合规管理要求转化为部门级的操作指引手册，进一步明确定义并规范各业务环节的合规操作流程。

（二）中层的创新及合规投入支撑

比亚迪对技术创新及知识产权的保护做出了巨大投入，优秀的技术创新可以形成公司的核心竞争力，同时也可以降低侵犯他人知识产权的风险，这种投入在维护知识产权方面具有决定性价值。而且，比亚迪每年都将营业收入的6%投入研发中，这样的投入规模在行业内是少见的。此外，由于研发人员具有高度的知识产权意识，他们会主动对研发成果进行专利申请。

（三）上层合规管理模式的建立

在日常业务中，比亚迪构建了一套措施和流程，包括预警机制、风险管控机制、自我保护机制及体系化专利布局机制，这四大机制及相应流程构成了比亚迪全方位、全业务链的知识产权合规管理体系。

第一，预警机制帮助比亚迪提前识别潜在风险。比亚迪有一套自身的情报系统，该系统涵盖四大数据平台，既可为研发提供技术支持，又能收集分析各种重点技术和重点企业的数据，及时发布相关专利预警信息。

第二，风险管控机制贯穿比亚迪全业务链。从前期的技术研发、产品开发、中期采购到后期的生产和销售，比亚迪都采取了有针对性的知识产权风险管理策略。

第三，自我保护机制。自我保护机制通过申请组织、质量审核及抽检组织、价值挖掘组织，对比亚迪业务流程中的每个环节进行了规范，这些组织和流程共同构成了比亚迪的全球化知识产权自我保护机制。

第四，体系化专利布局机制。体系化专利布局机制，使比亚迪在前沿科技、战略技术、主力产品等关键领域实现了全面保护，达到了有保有压、层层递进的效果。

三、结论与启示

比亚迪在知识产权合规管理体系建设的过程中体现了积极主动与全局化的态度。比亚迪成功实践出深层次的合规意识打造，底层的合规规则设置，中层的创新及合规投入支撑，以及上层合规管理模式的空前塑造。比亚迪公司以保护自主知识产权为理念，植根于每个员工心中，并贯彻于工作的每个环节。同时，比亚迪还建立了一套科学的合规规则和投入机制，并且着重于引导创新，降低风险，维护自身的合法权益。此外，通过设立预警机制、风险管控机制、逐层递进的自我保护机制，以及体系化专利布局机制，并在业务中寻找均衡，完成了对于知识产权的全方位、全业务链的管理。

由比亚迪企业的建设与发展，我们可以得出以下几点启示。

第一，合规意识的重要性。保护自身知识产权，避免侵犯他人知识产权的合规意识对于任何企业都至关重要。此种理念需要得到公司内所有员工的认同，才能在实际的日常工作中得到有效执行。

第二，利用专利战略增强企业的竞争优势，企业应根据自身的战略发展，实施有针对性的专利布局，对前沿科技、战略技术、重要产品等进行全方位、体系化、层次化的专利保护，以形成自身的知识产权屏障，提升企业的核心竞争能力。

第三，加强合规培训和教育。企业需要不断提高员工的合规意识，对员工进行定期的合规培训和教育，以确保他们全面了解并理解公司的合规政策和程序，使之成为自己日常工作的一部分。

（资料来源：由多方资料整理而成）

1.1　企业合规向前发展

在当今全球化的商业环境中，企业面临着越来越多的法律和合规要求，必须不断适应和遵守这些要求，以确保其商业运营的可持续性和长期发展。企业合规已经成为一个越来越重要的话题，它不仅是企业道德责任的体现，还直接关系到企业形象、声誉和可信度。在这个企业合规时代，企业需要不断迎接挑战，建立易被信任的商业形象和良好的声誉，以取得持久的成功。

1.1.1 企业规范和企业合规

企业规范和企业合规是保障企业发展的双重支柱。企业规范是企业行为的基本准则和标准，它是企业文化和价值观的体现，对于企业长期稳定发展至关重要。而企业合规则是指企业必须遵守的法律、法规和行业标准，它不仅是企业的法律责任，也是企业社会责任的体现。只有企业同时遵守规范和合规要求，才能在市场竞争中立于不败之地，赢得客户的信任和尊重。陈瑞华（2019）还强调了企业合规制度的重要性和必要性，认为企业合规制度是企业管理和发展的基础，也是企业建立良好声誉和信誉的保障。

（1）企业规范和企业合规的联系

企业合规与企业规范是现代企业经营中不可或缺的两个方面。企业规范是企业自愿制定的行为准则和标准，旨在确保企业在运营中遵守道德、行业和社会规范。企业合规则是企业必须遵守的法律法规、政策规定和行业标准。企业合规和企业规范相互补充，可以共同帮助企业在日常运营中实现长期稳健的发展。

第一，企业规范。企业规范不仅包括行为准则和标准，还包括企业文化、价值观念等方面。企业规范可以帮助企业建立良好的声誉和信誉，提高企业的社会形象和品牌价值。例如，企业可以通过实行环保政策、履行社会责任等行为，树立良好的社会形象，获得更多消费者的认可。同时，企业规范还可以帮助企业员工在工作中建立正确的行为规范和道德观念，提高员工的工作效率和素质。

第二，企业合规。企业合规是企业必须遵守的法律法规、政策规定和行业标准，是企业长期稳健发展的保证。张颖、郑洪涛（2010）认为企业必须遵守相关法律和标准，否则可能会面临罚款、刑事责任等法律后果。例如，企业必须遵守《中华人民共和国环境保护法》（以下简称《环境保护法》)、《中华人民共和国劳动法》(以下简称《劳动法》)等相关法律法规，否则可能会受到政府的惩罚，甚至失去企业营运资格。

第三，企业规范和企业合规是相互依存的。企业规范和企业合规是相辅相成的。企业规范为企业提供了在运营中遵守道德和社会规范的标准和指南，而企业合规则确保企业能够遵守相关法律和规定，建立良好的声誉和信誉，并获得更好的业务和投资机会。

（2）企业合规和企业规范的区别

企业合规和企业规范是两个不同的概念，它们有着一些明显的区别。企业规范通常是指企业自行制定的行为准则和标准，以确保企业在运营中遵守道德、行业和社会规范。这些规范可能包括员工行为准则、安全和健康政策、环境保护政策、反腐败政策等。企业规范是企业自愿制定的，没有强制性要求。

企业合规则是指企业遵守法律法规、政策规定和行业标准的程度。邢娟（2010）提出企业合规要求企业遵守相关的法规和标准，包括税务、会计方面的，以及《劳动法》《中华人民共和国知识产权法》(以下简称《知识产权法》)等。企业合规的目的是确保企业在运营中遵守法律规定，避免任何违法行为，减少企业面临的法律和财务风险。企业合规是一种强制性的要求，企业必须遵守相关的法律和标准，否则可能会面临罚款、诉讼、声誉损失等风险。

专栏 1-1

小米集团：高度重视的合规管理

一、公司简介

小米集团是一家以智能手机、智能硬件和 IoT（物联网）平台为核心的消费电子及智能制造公司，同时也是一家总部位于中国的科技公司，其成立于 2010 年 4 月，并于 2018 年 7 月 9 日在香港联交所主板挂牌上市。小米集团的使命是通过创新技术使每个人都能享受高品质的生活。小米集团的核心价值观是"专注、极致、诚信、梦想"。小米作为全球第四大智能手机制造商，还建立了世界领先的消费级 AIoT（AI+IoT，人工智能和物联网）平台。

二、合规管理实施及其效果

小米集团的合规管理在物联网平台的安全隐私合规和小米自动化隐私合规检测方面展现了高度的重视和承诺。下面详细介绍这两方面的内容。

（一）物联网平台的安全隐私合规

小米物联网平台以安全为基础，采用米家认证的安全芯片和固件安全，以确保设备和数据的安全性。在此基础上，小米采取了多层次的措施来维护安全和隐私合规。

第一，分级分类协议。针对不同类型的设备和通信协议，小米签订了多个安全协议，如 Wi-Fi 安全协议、BLE 安全协议、Zigbee 安全协议、NFC 安全协议等。这种协议的签订，有助于对不同风险进行分类处理，确保设备和通信的安全性。

第二，统一底层架构。小米采用统一的底层架构和软件开发工具包（Software Development Kit, SDK），包括安全 SDK，以确保不同设备之间的一致性。这意味着无论设备的版本如何变化，底层的安全架构、联网模块和代码都保持一致，从而减少了潜在攻击面，提高了整体安全性。

第三，合规性验证。小米集团通过自我评估、第三方机构的评估和认证等方式验证合规性。这包括对底层架构和协议的审查，以确保它们符合相关行业标准和法律法规的要求。

小米集团的物联网平台的安全隐私合规不仅关注技术层面的安全，还包括合规性验证和标准遵循，以确保用户的数据和设备在互联网世界中得到充分保护。

（二）小米集团自动化隐私合规检测

小米集团在自动化隐私合规检测方面采取了一系列措施来确保产品和流程的合规性。

第一，实验室评估报告。小米重视合规性证据的收集和保存。在产品上线前，公司进行产品安全合规的评估报告，以及安全测试报告与隐私合规测试的辅助报告。这些报告为监管部门提供了合规性的证据，同时也有助于公司内部跟踪和管理的合规性。

第二，物联网产品安全基线。小米建立了物联网产品安全基线，包括考虑到的风险场景和相应的指导案例。这有助于指导具体的合规实践活动，确保在产品开发和上线过程中，风险得到充分的识别和管理。

第三，IoT隐私白皮书。小米集团发布了IoT隐私白皮书，详细解读了隐私原则、用户请求和投诉、隐私设计、隐私治理、国际数据传输和隐私认证六个方面的内容。这为员工、开发人员和其他相关方提供了指导，以确保隐私合规得到全面考虑和实施。

小米集团在物联网平台的安全隐私合规和自动化隐私合规检测方面进行了细致的实践。通过采用分级分类协议、统一底层架构、合规性验证、实验室评估报告、物联网产品安全基线和IoT隐私白皮书等措施，确保其产品和服务在合规性和用户隐私方面达到最高标准。这些措施有助于维护用户信任，确保数据安全，同时也为监管部门提供了可追溯的合规性证据。

三、结论与启示

小米集团在合规管理方面展现了高度的责任感，特别是在物联网平台的安全隐私合规和自动化隐私合规检测方面。通过采用多层次的安全措施和合规验证，小米集团确保了其产品和服务在用户隐私和数据安全方面达到最高标准。

通过对小米集团合规管理的分析，我们可以得出以下几点启示。

第一，细化合规措施。将合规性分为多层次，采用分级分类协议等细化措施，有助于更全面、有针对性地管理安全和隐私风险。

第二，合规证据的重要性。收集、保存和提供合规性证据对于产品上线和监管合规至关重要。这不仅有助于证明产品合规，还可以在面临风险或监管问题时提供内部无过错的依据。

第三，透明与教育。发布隐私白皮书和指导性文件有助于提高员工和合作伙伴的合规意识。公司应积极进行内部培训，确保所有相关方都理解和遵守隐私和安全政策。同时，透明的做法也有助于赢得用户信任。

（资料来源：由多方资料整理而成）

1.1.2 时代的要求

现如今，企业合规的要求越来越高。企业需要积极履行社会责任，加强对法律法规、信息安全、国际化经营等方面的管理，提高内部管理和公开透明度，推动企业的可持续发展，这样才能在激烈的市场竞争中立于不败之地，实现可持续发展。建立健全的合规体系，不断提高法律法规合规、社会责任履行、信息安全保护和国际化竞争等方面的能力是企业的重要任务。企业需要积极适应时代变化，全面提升合规意识和能力，实现合规管理和经营的有机结合，为企业的可持续发展提供坚实的保障。

（1）法律法规的合规要求越来越严格

当今时代对企业合规的法律法规要求越来越严格，各国政府加大了对企业的监管力度，要求企业更加严格地遵守法律法规，加强企业的内部监管和风险控制。毛新述和孟杰（2013）认为企业需要及时了解和遵守各种法律法规，以避免因违反法律法规而面临的法律风险。随着法治建设的不断深化，各国的法律法规不断更新和完善，企业需要及时了解并遵守相关的法律法规，避免因违法违规行为带来的法律风险。同时，企业需要加强内部管理，建立健全的风险控制机制，遵守相关法律法规和行业标准，实现合规经营。

（2）社会责任的要求越来越高

当今时代，社会对企业社会责任的要求越来越高，企业需要积极履行社会责任，推动社会可持续发展。为了满足社会的要求，企业需要建立健全的社会责任体系，加强对供应商和合作伙伴的管理，推动整个产业链的可持续发展。在经营过程中，企业需要考虑社会的利益和责任，加强社会责任管理，包括环境保护、职业健康安全、劳动力关系等方面。此外，企业应该通过可持续性的经营方式，履行社会责任，提高企业的社会形象和声誉，赢得公众的信任和支持。总之，企业需要承担更多的社会责任，不是只追求经济利益，而是在经济、社会和环境三个层面上实现可持续性发展。

（3）信息化和数字化的趋势日益加速

随着信息化和数字化的发展，企业面临的信息安全风险越来越大，因此企业需要加强对信息安全的管理，建立健全的信息安全体系，保障企业和客户的信息安全。随着信息技术的飞速发展，企业面临的信息安全风险也在不断增加，如网络攻击和数据泄露等，企业需要加强对信息安全的保护和管理，对员工进行信息安全意识的教育和培训，以保护企业和客户的信息安全。随着企业越来越依赖信息技术，信息安全已成为企业经营中不可或缺的一部分。企业需要加强对信息安全的管理和保护，以保障企业的正常经营和客户的利益。

（4）国际化经营的要求越来越高

随着全球化和经济一体化的深入推进，企业面临更多的国际化经营机会和挑战。在这种情况下，企业需要遵守各国的法律法规和行业标准，了解不同文化和习惯，建立和维护跨文化的合作关系，以推动企业的国际化发展。此外，企业还需要研究和了解不同国家和地区的市场需求和趋势，以适应不同的市场环境。在国际化经营中，企业还需要加强风险管理和控制，包括汇率风险、政治风险、法律风险和市场风险等方面，以确保企业的可持续发展。

（5）公众对企业诚信和透明度的要求越来越高

公众对企业的诚信和透明度要求越来越高，这是因为公众对企业行为的关注度和认知水平不断提高。公众希望企业能够遵守法律法规、诚信经营、保障消费者权益和承担环境保护等方面的责任，同时公开企业的内部管理和决策过程。这种趋势也被称为企业社会责任的发展趋势之一。因此，企业需要加强内部管理和公开透明度，以满足公众对企业诚信和透明度的要求。同时，企业还需要与公众进行沟通和互动，了解公众的意见和建议，并及时回应和处理公众关注的问题，建立良好的企业形象和品牌形象。公众对企业的诚信和透明度要求不仅仅是一种道德和社会责任的要求，也是一种商业需求。随着公众对企业的要求不断提高，那些诚信、透明度高的企业往往能够获得更多的市场机会和竞争优势，因为公众更愿意信任和选择这些企业。

1.2 企业合规管理概论

企业在其经营活动中合法合规地遵循法律、行业规范和商业道德等要求的行为就是企业合规管理。企业合规管理的主要目的是确保企业在法律和商业道德上的合法性和诚信性，维护企业的声誉和信誉，减少企业因违法违规行为而带来的风险和损失，保障企业长期健康发展。陈文铭[①]（2007）认为企业合规管理应该包括制定合规政策，按照外部法规的要求

---

① 陈文铭.加强科研事业单位的科研成本核算[J].市场周刊（理论研究），2007（5）：63-64+90.

制定内部规范，监督规范执行情况，对违规行为进行持续监测、识别、预警、防范、控制，化解合规风险等活动。企业合规管理应该成为企业管理的重要组成部分，而不是作为单独的一个方面。在实践中，企业应该建立健全的合规制度、规章制度和流程，开展相关培训和宣传教育，建立内部监督和自我审查机制，确保合规管理的有效实施和监督。

1.2.1　企业合规管理的内涵

企业合规管理内涵的核心是依法合规经营，这是企业合规的最基本要求。熊汝波（2015）提出企业必须遵守法律、行业规范和道德标准等内外部要求，制定合规政策和内部规范，建立监督机制，加强培训和宣传教育等措施，确保企业内外部运作行为符合法律法规和行业规范要求。企业要不断提高合规意识和强化内部监督机制，实现规范、约束和管理企业内外部运作行为，降低违法违规风险，确保企业长期合法、规范运营。

（1）遵守法律、行业规范和道德标准

企业合规管理的内涵在于遵守法律、行业规范和道德标准等内外部要求。企业需要严格遵守国家和地方的法律法规，以及行业规范和标准，不仅要符合法律的最低要求，更要树立企业的良好形象和信誉。

（2）制定合规政策和内部规范

企业合规管理需要制定合规政策和内部规范，并建立监督机制。企业需要制定相应的合规政策和规范，明确员工的工作职责和行为规范，并建立监督机制，确保规范的执行。

（3）加强培训和宣传教育

加强培训和宣传教育也是企业合规管理的重要内容。企业需要加强员工的合规培训和宣传教育，提高员工的合规意识和文化，确保员工在工作中严格遵守法律、行业规范和道德标准等内外部要求。

（4）防范和控制合规风险

防范和控制合规风险需要持续监测和识别违规行为，是企业合规管理的重点。企业需要建立持续监测和识别违规行为的机制，及时发现和纠正违规行为，防范和控制合规风险，确保企业的长期合法、规范运营，维护企业声誉和信誉。

企业合规管理也是一项能够推动企业可持续发展的管理理念。企业合规管理是企业依据法律法规、行业规范、社会伦理等内外部要求，通过制定合规政策和内部规范、加强监督检查，规范内部运作行为，预防和降低违法违规风险，确保企业长期合法、规范运营，维护企业声誉和信誉的一种管理方法和理念，其可以减少企业因违法违规行为而产生的法律诉讼和罚款，降低企业经营风险。合规管理可以提高企业的诚信度和信誉度，维护企业的声誉，从而推动企业的可持续发展，提升企业的竞争力和稳定性。只有企业建立起合规管理体系，才能实现可持续发展，推动企业稳定发展。

1.2.2 企业合规管理的特征

企业合规管理要求全员参与，包括员工遵守规章制度和道德标准、提供合规风险信息和培训。企业需要建立完善的合规制度和流程，实现制度化管理，从而降低违法违规风险。企业合规管理是风险管理的一种方式，持续监测、识别、预警和防范合规风险，降低经营风险。同时，企业合规管理是一种持续改进的过程，不断总结反思、完善管理方法和提高员工意识和培训，提升企业的合规水平并有效降低风险。企业合规管理的特征如图1-1所示。

图 1-1　企业合规管理的特征

（1）全员参与

企业合规管理需要企业全员参与，特别是需要让员工理解合规的重要性，并培养他们识别和预防合规风险的意识。此外，员工需要参与制定和执行合规政策、规章和流程，以确保企业的合规性。企业应该通过合规培训和宣传教育提高员工的合规意识和能力，确保员工始终遵守合规规定，并及时发现和纠正违规行为。

（2）制度化管理

制度化管理可以使企业的合规管理更加稳定和可持续。一旦制度和流程被建立并有效执行，企业就可以在日常经营中持续遵守合规标准，而不需要依赖个别员工的行为和决策。这种稳定性和可持续性可以为企业带来更高的合规效率和效果，同时也可以降低企业的经营风险和成本。制度化管理还可以为企业建立良好的声誉和信誉度，吸引更多的合作伙伴和客户，为企业的可持续发展打下坚实的基础。

（3）风险管理

企业合规管理是持续监测、识别、预警和防范合规风险的风险管理方式，旨在降低企业经营风险。企业可以通过识别、评估和管理合规风险，降低法律、监管和声誉风险，确保企业合规、稳健经营。

（4）持续改进

企业合规管理是一个不断改进的过程，需要企业持续总结和反思，完善企业制度和管理方法并提高管理水平。企业应不断审查和更新合规制度和流程，提高员工合规意识，确保遵守规定并及时发现和纠正违规行为。通过持续改进，企业能逐步提升合规水平，有效降低风险。企业合规管理是一个风险控制导向的管理方法，旨在识别、预防、控制和化解合规风险。企业合规管理需要遵循法律法规等规范性要求，长期持续实施，并通过风险防范措施降低违法违规风险。此外，企业合规管理还需要各部门协同工作，形成合力。

1.2.3 企业合规管理的原则

企业合规管理的基本原则包括：第一，全面覆盖、重点突出；第二，预防为主、惩防并举；第三，强化责任、协同联动；第四，业务管理、合规先行（见图1-2）。这些基本原则可以帮助企业有效管理合规风险，确保合规经营。其中，全面覆盖、重点突出是确保企业全面合规的关键，预防为主、惩防并举可以有效降低违规风险，强化责任、协同联动能够确保合规管理的落实和执行，而业务管理、合规先行则可以让企业在日常经营中将合规要求贯彻到每个环节。

图 1-2 企业合规管理的基本原则

（1）全面覆盖、重点突出

全面覆盖、重点突出是企业合规管理的基本原则之一，其核心思想是要将合规要求覆盖到企业的各个领域和环节，并确定关键领域和环节的合规重点。企业可以根据自身业务特点和合规风险情况，制定相应的合规管理制度和重点，如财务管理、人力资源管理、环境保护等。全面覆盖、重点突出可以让企业的合规管理更加有针对性和有效性，为企业合规经营提供坚实的保障。

（2）预防为主、惩防并举

预防为主、惩防并举是指合规管理强调在事前进行预防控制，防范合规风险的发生。在合规问题出现后，也需要采取相应的惩处措施，以形成强有力的合规管理保障。在预防方面，企业可以制定相关的合规规章制度、流程和培训计划，以确保员工了解和遵守公司的合规要求。同时，企业还可以通过建立内部控制制度，强化合规审查和风险评估等措施，从源头上预防合规风险的发生。在惩处方面，企业需要依据公司的问责制度，对违反合规要求的员工进行相应的问责和惩处，包括警告、处罚甚至终止合同等措施。另外，企业也需要对相关的合作伙伴进行监督管理，对违反合作协议或违法行为进行追责和惩处。

(3) 强化责任、协同联动

强化责任、协同联动是企业合规管理的重要原则之一。除了在企业内部设立合规管理部门和专责人员，每个员工都应该对自己的行为负责，并积极参与合规管理。在此基础上，企业需要建立起一套科学合理的责任分工体系，明确各个部门的职责，协同配合，共同推进合规管理。例如，企业合规管理部门应该负责制定合规管理规章制度，监督检查各部门的合规情况；业务部门则需要负责执行合规规定，确保业务活动合规。各个部门之间应该及时沟通、协调，协同处理涉及合规管理的事务，形成合力，确保企业全面合规。

(4) 业务管理、合规先行

企业合规管理要求业务部门在日常工作中将合规管理要求贯穿于业务全流程，确保业务部门负责本领域的日常合规管理工作。具体来说，业务部门需要将合规审查纳入业务流程，确保在业务运营中使合规性得到充分考虑和保障。此外，业务部门还需要开展合规培训和宣传，帮助员工了解公司的合规政策和规定，掌握合规知识和技能，提高合规意识和能力。这样可以在业务中及时发现和化解合规风险，确保企业在合规经营方面做到先行一步。

1.2.4 企业合规管理的意义

企业合规为传统的公司治理模式带来了新的变化。虽然它不是完美无缺的公司治理模式，但具有不可替代的运行优势。由于其每年都需要投入人力、物力和财力来维持，使得许多企业家对其望而却步。然而，企业家们不能忽视企业合规为企业带来的潜在价值，尤其是对于需要市场准入资格、上市、招标投标的企业而言，即使企业拥有相关资质和经营许可，但如果有犯罪记录，就将面临上市和招投标的明显限制。随着企业规模的扩大、员工数量的增加和交易活动的增多，企业面临的合规风险也会不断上升。因此，为了企业的持续发展，建设和运行企业合规体系是非常必要且有价值的。企业合规管理的意义如图1-3所示。

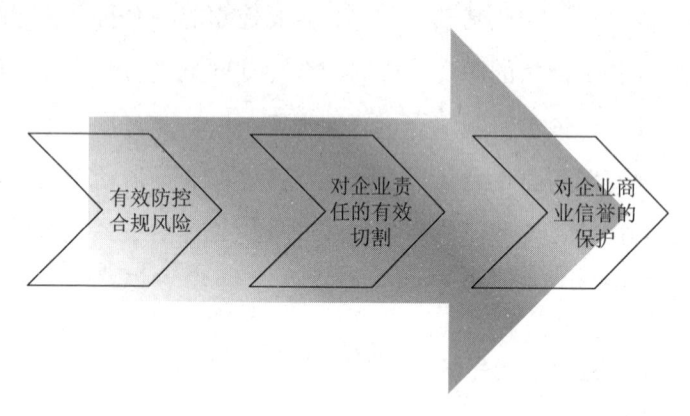

图1-3 企业合规管理的意义

（1）有效防控合规风险

企业建立有效的合规体系的首要目的和意义在于有效地防范企业在市场经营中可能遇到的合规风险。无论企业所处的行业是什么，生产的产品是什么，它面临的基本风险都包括四个方面：战略风险、经营风险、财务风险和法律风险。而所谓的合规风险实际上是法律风险中的一部分，是最为致命的风险之一。建立有效的合规体系可以帮助企业有效管理和控制法律风险，避免因违反法律法规而导致的不良后果。

（2）对企业责任的有效切割

企业合规体系的建立可以有效地将企业责任与个人责任分开，从而避免企业因为员工等关联人员的行为而承担不必要的法律责任。在我国，单位犯罪的归责模式要求单位的重要人员必须以自己的独立意志行事，而单位无法独立行事，只能通过内部主管人员等关联人员来代为行事，导致单位责任和相关人员责任难以分割。因此，企业合规体系的建立可以帮助企业建立风险转移和责任切割机制，以避免企业因为员工等关联人员的违法行为而承担连带责任。

（3）对企业商业信誉的保护

一个有效的合规计划不仅可以防范合规风险的发生，保护企业免于受到不必要的处罚，还可以保护企业的商业信誉。当企业被认为是一个合规的企业时，会更受消费者和投资者的信任和青睐，从而增强企业的竞争力和市场地位。相反，一旦企业违反法律法规或者道德规范，其商业信誉可能会受到极大损害，导致客户流失、品牌形象下降，甚至面临被市场淘汰的风险。建立有效的合规体系不仅是企业履行法律责任的表现，更是企业商业成功的必要条件之一。

专栏 1-2

哔哩哔哩：坚决合规管理

一、公司简介

哔哩哔哩（Bilibili）是中国领先的、以年轻人为核心用户群体的视频分享、弹幕网站，同时也是一个二次元弹幕视频分享平台，以"ACG"（动画、漫画、游戏）文化为主打，是广大二次元爱好者的集结地。哔哩哔哩创立于 2009 年，带领一代年轻人成长，以 UGC（用户生产内容）、PGC（专业生产内容）和 OGC（职业生产内容）创作模式深入挖掘用户兴趣，涵盖游戏、动画、鬼畜、舞蹈、电影、电视剧、综艺、科普等众多宽泛分区。经过多年的发展，哔哩哔哩已经成为中国互联网行业中颇具影响力的平台，引领了二次元文化的繁荣发展。其以用户为主导的内容生态，真实、活跃的社区交流，丰富多样的视频内容和高质量的原创内容打动了用户，赢得了强大的用户基础和良好的口碑。作为一家互联网公司，掌握用户信息和数据安全的责任重大。因此，哔哩哔哩积极践行合规管理，确保公司运营安全，维护用户权益，并进一步提高用户体验和满意度。

二、合规管理实施及其效果

作为中国领先的年轻人社区，哔哩哔哩坚决遵守国家法律法规，积极推进合规管理，具体体现在内容审核和用户数据保护两大方面。

（一）内容审核的合规管理

遵循《中华人民共和国网络安全法》和《互联网信息服务管理办法》等相关法规，哔哩哔哩预先对所有上线的内容进行严格审核。这一合规动作不仅体现在对恶俗、非法信息的删除上，还体现在对涉及版权问题的内容的审查上。无论是用户制作还是平台自制的内容，都必须遵守相关版权规定，以防触犯相关法律，充分保护了原创者的权益。

对于版权方提出的举报，哔哩哔哩一直积极响应并加以处理。透明、公正的处理机制获得了市场和用户的广泛认可，用户对平台的信任度日益增加。同时，哔哩哔哩推动良性内容发展，严格遵守法律法规，使平台能安全、合规、健康地长期发展下去，营造出一个遵守公序良俗、积极向上的用户体验环境。

（二）用户数据保护的合规管理

哔哩哔哩明白，作为互联网公司，数据是一切服务的基础，用户信息和隐私是需要严格保护的。因此，在《中华人民共和国个人信息保护法》（以下简称《个人信息保护法》）出台之后，哔哩哔哩积极遵从，严格按照法规要求，对用户的个人信息进行保护。在技术上，哔哩哔哩投入大量人力、物力确保用户数据的安全。在制度上，哔哩哔哩制定了严格的数据使用政策和规定，所有的数据获取、使用和共享都必须经过用户的知情和同意，杜绝任何不合规的数据使用行为。

三、结论与启示

哔哩哔哩的成功，一方面证明了以用户为中心、关注用户需求的企业发展模式的正确性；另一方面，也显示了严格的合规管理对企业稳健发展的重要性。合规管理既是企业的责任，也是品牌建设的有效手段。它极大地保障了用户的权益，提升了用户的满意度和信任度，也给企业带来了良好的口碑和稳定的发展环境。

哔哩哔哩的成功为其他企业的发展提供了以下几点启示。

第一，合规不仅是企业的法定责任，而且是企业获取长期发展的重要手段。只有通过法规设定的规则，才能确保企业在市场中的稳定地位，赢得用户和社会的信任，实现可持续发展。

第二，尊重用户权益是企业生存的基础。无论是在内容审核还是在用户数据保护上，企业都必须始终坚持用户第一的原则，尽可能满足用户的需求，提高用户满意度。

第三，投入技术研发和合规工作中的资源绝不会被浪费。在技术保障用户数据安全，制度保障用户权益的同时，也提高了企业的核心竞争力，促进了企业的良好发展。

（资料来源：由多方资料整理而成）

1.2.5　我国企业合规管理历程

中国的企业合规管理历程可以追溯到 20 世纪 80 年代，当时中国改革开放的浪潮带来了外商投资和国内企业发展的新机遇。然而，由于缺乏有效的法律法规和监管机制，企业在经营中面临着各种合规风险。随着时间的推移，政府逐渐意识到企业合规管理的重要性，并开始制定和完善相关法律法规和监管机制。

1993年，中国通过了《中华人民共和国公司法》（以下简称《公司法》），明确了公司治理和合规管理的基本要求，规定了公司的基本组织形式和运营规则，并强调了公司的法律责任和社会责任。

2006年，开始施行《公司法实施细则》，对公司治理和内部控制提出了更为具体的要求，并加强了对违法违规行为的打击和惩罚。2014年，国务院发布的《企业信息公示暂行条例》，要求大型企业必须公开其社会责任报告，包括企业治理、环境保护、员工福利等方面的信息。

2014年，国际标准化组织发布实施了ISO 19600：2014《合规管理体系 指南》，将合规管理分为建立和改进两部分，包括确定合规范围、建立合规方针、评估合规风险、制订应对计划、实施和控制、评估和报告、持续改进等阶段，为所有规模和类型的企业建立有效的合规管理体系提出了指导性建议。亚太经合组织（APEC）通过了《北京反腐败宣言》《亚太经合组织预防贿赂和反贿赂法律执行准则》《亚太经合组织有效和自愿的公司合规项目基本要素》，它们主要都是针对反贿赂合规。

2017年，中国修订了《中华人民共和国反不正当竞争法》，加强了对企业违法竞争行为的打击和管理，促进了公平竞争和市场秩序的维护。2020年，中国人民银行颁布了《支付机构合规管理办法》，要求支付机构建立有效的合规管理体系，确保支付业务安全和稳定运行。2018年，我国国务院发布关于印发《中央企业合规管理指引（试行）》的通知，提出国企开展合规建设活动。

2016年，中国证券监督管理委员会发布了《证券期货投资者适当性管理办法》，要求证券公司建立健全投资者适当性管理制度，保护投资者权益。2021年，ISO组织颁布ISO 37301: 2021《合规管理体系 要求及使用指南》，该指南可被用于认证。2022年8月23日，国务院国有资产监督管理委员会发布《中央企业合规管理办法》，自2022年10月1日起正式施行。

1.3 企业合规重点

企业合规的重点领域涉及很多方面,包括法律、财务、税收、环境、劳动等。财务和税收作为企业运营中的重要方面,具有关键性的作用。财务和税收是企业运营的重要方面,对企业的经营和发展具有重要影响,而且财务和税收是政府和社会关注的重点领域,财务和税收合规涉及企业的核心利益和稳定运营,对企业的信誉和声誉产生重要影响。从财务和税收的角度来看,企业合规可以帮助企业更好地管理风险和机会,保持企业的市场地位。

1.3.1 从财务的角度分析

财务合规方面,企业应该建立健全的财务管理制度和内部控制制度,确保财务数据的真实性、准确性和可靠性,包括制定并执行财务制度、财务流程规范、预算管理、风险管理等方面。企业需注意财务信息的及时披露和公开透明,遵循诚实守信的原则,避免财务造假和隐瞒等违法行为。财务管理制度包括财务核算、财务报表、财务审计等方面的规定,内部控制制度则包括财务管理流程、制度执行、风险管理等方面的规定。正确处理各类财务事务,尤其是与融资、投资和收益分配等有关的事务,是财务合规的重点之一。企业应该严格遵守相关法律法规和合同约定,确保各类财务事务的合法合规。财务视角的企业合规重点如图1-4所示。

```
        会计准
        则合规

风险管    财务视角    财务报
理合规    的企业合    告合规
         规重点

        税务合规
```

图 1-4　财务视角的企业合规重点

专栏 1-3

瑞幸咖啡：合规管理保平安

2017年10月28日，瑞幸咖啡首家门店在北京银河SOHO试营业，瑞幸咖啡创办伊始便以高额补贴和社交平台营销而迅速走红，2018年9月瑞幸咖啡北京故宫店开业，成为首家入驻故宫的连锁咖啡品牌。2019年5月17日瑞幸咖啡在美国纳斯达克交易所上市，创造了中国互联网企业的最快上市纪录。2020年1月一份长达89页的做空报告，称瑞幸咖啡涉欺诈行为，2020年4月瑞幸咖啡主动承认"财务造假事件"。2020年7月公司开始重整管理架构，针对运营、战略、营销等层面进行了全方位调整。从公司治理结构的规范和制衡，到公司经营管理层的控制和约束，在重大风险的预估和防控面前，建立一个完善的合规体系无疑成为企业健康发展的务实选择，也是参与国际市场竞争的先决条件。如果企业合规做得不好，公司运营会寸步难行。

一、内部调查和合规措施

瑞幸咖啡在公告中宣布了一项重要的举措，即成立了特别委员会，这个特别委员会的职责是监督截至 2019 年 12 月 31 日的财年内部调查。这个内部调查的背后目的是解决公司内部存在的一系列问题，其中包括涉及不当行为和虚假交易等问题。内部调查通常是企业合规的关键环节之一，是确保公司在法律和道德标准下运营的重要手段之一。瑞幸咖啡的企业合规管理涵盖了内部调查和采取相关合规措施，旨在确保公司在法律和道德标准下运营，并强调了公司对于发现并纠正不当行为的决心。这些举措有助于维护公司的声誉，保护股东权益，并强调了合规管理在企业中的重要性。

这个特别委员会是由独立董事组成的，特别委员会的成员是公司内部以外的独立个体，他们的职责是监督内部调查的进行，以确保调查的独立性和客观性。此外，为了保障调查的专业性和全面性，特别委员会聘请了独立的法律顾问和法务会计师。而最引人注目的是，瑞幸咖啡选择了 Kirkland & Ellis 作为独立外部顾问，这是一家在美国备受尊敬的律师事务所，以其卓越的声誉和专业水平而闻名。选择 Kirkland & Ellis 是因为它的公信力和其业务人员丰富的调查经验，这有助于确保内部调查的严肃性和可信度。

二、责任追溯和法律行动

特别委员会的建议中包括采取某些临时补救措施，这些措施旨在应对不当行为。具体措施包括停用涉嫌不当行为的员工，以及中止与已确定的虚假交易涉及方的合同和交易。董事会接受了特别委员会的建议，并表示将对目前确定的参与伪造交易的个人和当事方实施这些建议。此外，公司还明确表示将对负责不当行为的个人采取一切适当的行动，包括法律行动。

这个举措强调了公司对于合规的坚决立场。在企业合规管理中，责任的追溯和采取适当的法律行动是非常重要的，以确保不当行为者承担法律后果，同时保护公司的声誉和股东权益。瑞幸咖啡通过中止涉及不当行为的员工和虚假交易涉及方的合同来表明其坚决维护合规的立场，这是一个强有力的措施。

三、结论与启示

瑞幸咖啡的合规性不仅是法规要求，也是企业健康和可持续性的基石。建立独立的合规机制，坚决采取措施追究责任并确保透明度是保持企业合规性的关键。改善其合规管理体系，能够有效减少风险并保护企业的声誉和利益。

通过对瑞幸咖啡利用合规管理保平安的行为进行剖析，可以得到以下几点启示。

第一，合规管理是不可或缺的一环。快速扩张的初创企业也不能忽视合规性，公司应该在业务开始之初就建立强有力的合规框架，将合规性纳入核心业务战略，以降低潜在风险。

第二，独立性和透明性是合规管理的关键。通过成立特别委员会，聘请独立外部顾问，以及启用明确的内部调查程序，瑞幸咖啡强调合规调查的独立性和透明性。

第三，责任和法律行动是维护合规的关键。瑞幸咖啡表现出对不当行为的零容忍态度，采取停用涉及不当行为者、中止虚假交易方的合同和交易的措施，并明确表示将采取法律行动。

（资料来源：由多方资料整理而成）

（1）会计准则合规

会计准则合规是企业财务合规的重要方面之一。会计准则是制定会计政策和核算方法的依据，企业应该按照会计准则规定的要求进行会计核算和编制财务报表。以下是详细的会计准则合规内容。

第一，建立健全内部控制制度。建立健全内部控制制度是会计准则合规的基础,可以有效防范会计舞弊、损失和错误。企业应该建立健全内部控制制度,明确财务部门的职责和权限,并建立内部审计和监督机制,及时发现和纠正问题。

第二,规范会计核算方法和程序。企业应该按照会计准则规定的要求,对所有的经济业务进行会计核算,并及时登记、记录和汇总。会计核算过程应该严格按照规定的程序进行,确保财务数据真实、准确、完整。

第三,编制真实、准确、完整的财务报表。企业应该按照会计准则规定的要求,编制真实、准确、完整的财务报表。财务报表应该反映企业的真实经济状况和财务状况,不得进行虚假记账和误导性披露。

第四,加强会计准则合规培训和教育。企业应该加强对财务人员的培训和教育,提高他们的会计准则合规意识和能力。财务人员应该了解会计准则的相关要求和规定,严格按照规定进行会计核算和编制财务报表。

第五,加强会计准则合规监督和管理。企业应该加强对财务部门的监督和管理,确保财务部门遵守会计准则和相关法规的要求。企业应该建立健全财务监督和管理机制,加强对财务部门的监督和检查,及时发现和纠正问题。

会计准则合规是企业财务合规的一个重要方面,企业应该建立健全内部控制制度,规范会计核算方法和程序,编制真实、准确、完整的财务报表,加强培训和教育,加强监督和管理,保证财务数据的真实性、准确性和完整性,为企业的可持续发展提供保障。

(2) 财务报告合规

当谈到企业合规时,财务报告合规是一个至关重要的方面。财务报告的准确性和透明度是决定企业声誉和投资者信任的重要因素。以下是针对财务报告合规的一些重点。

第一,财务报表的准确性和透明度。企业应该确保其财务报表的准确性和透明度。这意味着必须对账户进行正确的分类、确认和计量,以及提供必要的信息和披露。企业需要遵守相关的会计准则和法规，例如《国际财务报告准则》(IFRS)或《一般公认会计原则》(GAAP)。

第二，内部控制。企业应该确保其内部控制系统的有效性和健全性。内部控制是指一个企业管理其业务的一套标准程序和实践，以确保其财务报表的准确性和透明度，并防止任何欺诈行为的发生。内部控制系统需要包括有效的风险管理和监控机制，以及及时的记录和汇报程序。

第三，披露要求。企业需要披露与其财务报表相关的信息，包括主要会计政策和会计估计、重要会计政策的变化，以及与关键财务指标相关的信息。此外，企业也需要披露其他重要信息，例如财务报表的限制和不确定性，以及任何潜在的法律诉讼或纠纷。

第四，审计要求。企业需要对其财务报表进行审计，以确保其准确性和透明度。审计师需要对财务报表进行审核，以确定其是否符合会计准则和法规，以及是否存在任何错误或欺诈行为。审计报告需要提供关于财务报表准确性和透明度的评价，以及任何需要改进的建议。

财务报告合规是企业合规的重要组成部分，它有助于建立投资者信任和企业声誉，同时也有助于发现并纠正任何错误或欺诈行为。企业应该确保其财务报表的准确性和透明度，遵守相关的会计准则和法规，并建立有效的内部控制系统和披露程序，以保持合规性。

（3）风险管理合规

风险管理合规是企业合规中的一个重要领域，它涉及企业识别、评估和控制各种潜在风险，以确保企业经营活动的合法性和稳健性。针对风险管理合规的一些重点包括风险识别和评估、内部控制和合规监督、风险控制和管理、外部合规监管和合作。

第一，风险识别和评估。企业需要识别和评估可能对其经营活动产生影响的各种潜在风险，包括市场风险、信用风险、操作风险、监管风险等。企业需要建立有效的风险识别和评估机制，制定相应的风险管理方案和措施。

第二，内部控制和合规监督。企业需要建立完善的内部控制体系，确保企业的经营活动符合法律法规和内部规章制度的要求。企业需要通过制定内部合规监督制度、进行内部审计等方式，监督和管理内部合规情况。

第三，风险控制和管理。企业需要采取相应的措施控制和管理各种潜在风险，包括建立风险管理体系、制定风险防范方案、开展风险应对演练等。企业还需要建立紧急响应机制，应对突发风险事件。

第四，外部合规监管和合作。企业需要遵守相关法律法规和标准，积极配合外部监管机构的合规监督工作。此外，企业还需要与合作伙伴建立合规合作关系，共同维护行业和市场的稳定和规范。风险管理合规是企业合规中的重要领域，关系到企业的经营稳健性和声誉。企业需要识别和评估各种潜在风险，建立完善的内部控制体系和风险管理机制，遵守相关法律法规和标准，积极配合外部监管机构的合规监督工作，与合作伙伴建立合规合作关系。只有在风险管理合规的基础上，企业才能实现可持续发展。

（4）税务合规

企业需要遵守适用的税收法规，如企业所得税法、增值税法等，按时申报纳税并缴纳税款。企业需要遵守适用的税法和税务规定，按时申报、缴纳税款，并保留相关税务文件和记录。企业需要遵守相关的税法法规，如企业所得税法、增值税法等，准确申报税款，并按时足额缴纳税款。

第一，税务注册和备案。企业在成立之初需要进行税务登记和备案，以取得纳税人资格并获得税务登记证。企业还需要根据税务法规定，完成相关税务备案工作，如办理增值税发票和申报纳税信息等。

第二，税收申报和缴纳。企业需要按时向税务部门申报税收，并缴纳应纳税款。这包括个人所得税、企业所得税、增值税、消费税等税种。企业需要确保纳税申报准确、完整，遵守税法法规，以避免税务风险。

第三，税务筹划。企业可以通过合理的税务筹划，降低纳税负担，提高企业利润。税务筹划包括选择合适的税收政策、税务合规结构设计、税收调整、税务优惠申请等方面。企业应该在合规的前提下进行税务筹划，避免非法避税行为。

第四，税务审计和调查。税务部门对企业的纳税申报和缴纳情况进行审计和调查，以确定企业是否存在违规行为。企业需要积极配合税务部门的审计和调查工作，并提供相关的会计凭证、票据等资料，以证明其税务合规性。

税务合规是企业合规中的重要领域，关系到企业的经营成本、盈利能力和声誉。企业需要遵守相关税法和法规，进行税务注册和备案，按时申报纳税并缴纳应纳税款，同时积极进行税务筹划，确保其税务合规性。在税务审计和调查过程中，企业也需要积极配合税务部门的工作，以证明其税务合规性。

税务审计合规是企业合规的重要组成部分，是防范和化解税务风险和纳税风险的重要手段。企业应当重视税务审计合规，加强税务管理，确保税务合规和税务管理的有效性和可操作性。企业合规重点如图1-5所示。

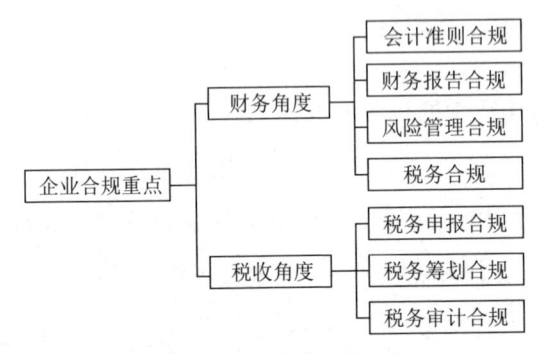

```
                            ┌── 会计准则合规
                            ├── 财务报告合规
                 ┌── 财务角度 ──┤
                 │          ├── 风险管理合规
                 │          └── 税务合规
  企业合规重点 ──┤
                 │          ┌── 税务申报合规
                 └── 税收角度 ──┤── 税务筹划合规
                            └── 税务审计合规
```

图1-5 企业合规重点

1.3.2 从税收的角度分析

税务合规方面，税收合规也是企业合规管理的核心之一。企业应该遵守国家税收法规，合理申报和缴纳税款，建立健全的税务管理制度和内部控制制度。企业需要关注税收政策的变化，及时调整和优化税务筹划方案，以合理的方式减少税负。但是，企业需要遵守国家税收规定，不得采用不正当手段规避税款，避免产生不良的税收影响和法律风险。税收合规需要企业保证纳税申报的真实性和准确性。企业需要按照国家税务机关的规定进行税务申报和缴款，确保税款的及时、准确缴纳。企业应该配合税务机关进行税务核算和税务审计，及时解决发现的问题，保证税务管理的规范性和合法性。税收视角的企业合规重点如图1-6所示。

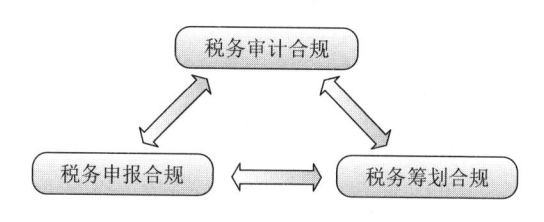

图 1-6 税收视角的企业合规重点

（1）税务申报合规

税务申报的合规性对于企业来说非常重要，不仅可以避免不必要的罚款和利息，还可以保护企业的声誉和信誉。以下是税务申报合规的几个关键方面。

第一，申报时限。企业要根据法规和政策要求，在规定的时间内完成税务申报。企业未在规定时间内申报或未按时缴纳税款，可能会面临罚款、滞纳金等处罚。

第二，税务申报表准确性。企业需要确保税务申报表的准确性，如填写税种、纳税人识别号、申报期间、计算公式等。如果企业填写错误或漏报，可能会被视为逃税，面临罚款和其他法律后果。

第三，税务申报表真实性。企业需要确保所填报的税务申报表内容真实有效，如真实的销售额、采购额、成本和利润等。如果企业填写虚假信息或隐瞒事实，可能会面临罚款、税务调查和刑事责任等法律后果。

第四，税务申报流程合规。企业需要遵循规定的申报流程和程序，如合法授权、文件备案、纳税申报、缴税等。如果企业未按规定流程申报或未按规定程序申报，可能会被视为违反法律，面临罚款和其他法律后果。

（2）税务筹划合规

当企业在税务筹划时，应该确保其筹划活动是在法律和道德框架内进行的。税务筹划可以在法律框架内有效降低企业的税务成本，如果筹划不合规，可能会导致企业面临法律责任和财务风险。税务筹划合规的重点领域主要有以下几个方面。

第一，合规性评估。企业在进行税务筹划之前，应该进行合规性评估，以确定筹划方案是否符合法律法规的要求。该评估应该包括对税务筹划方案的内部和外部环境分析，以及对方案的可行性和可持续性进行评估。

第二，合同和协议的合规。在进行税务筹划时，企业应该确保与相关方签订的合同和协议是合规的。企业应该在合同和协议中明确约定各方的权利和义务，并遵守相关法律法规的要求。

第三，关联交易的合规。企业在进行关联交易时，应该确保交易价格公正合理，并遵守相关法律法规的要求。企业应该建立关联交易的审批程序和风险管理机制，并进行透明度披露，以避免关联交易风险。

第四，国际税收合规。在进行跨境业务时，企业需要遵守各国家和地区的税收法律法规，包括双重征税协定和转移定价准则等。企业应该制定有效的税务策略和合规方案，以降低税务风险和避免双重征税。

第五，税务审计合规。企业应该积极配合税务机关进行税务审计，及时提供相关资料和信息，并确保审计过程中的合规性。同时，企业也应该建立内部审计机制，加强对税务合规性的监督和管理。

税务筹划合规对于企业来说非常重要，不仅可以降低税务成本，还可以减少税务风险和法律风险，增强企业的稳定性和可持续性。因此，企业需要建立有效的合规制度和管理机制，确保税务筹划活动的合规性和可持续性。

（3）税务审计合规

税务审计合规是指企业在税务审计过程中遵守税法和税务规定，确保税务申报的真实性和合法性，同时防范和化解税务风险和纳税风险。税务审计是税务部门对企业纳税申报的真实性、合法性和税收合规性进行检查和评估的过程，是维护税收秩序和公平竞争的重要手段。税务审计主要包括税收核定审计、风险管理审计、重大税收事项审计等。在税务审计中，企业需要注意以下几点。

第一，合理准备税务资料。企业应当按照税务部门的要求，提供真实准确的税务资料，如企业财务报表、纳税申报表、税务发票等确保税务审计的顺利进行。

第二，合法合规申报纳税。企业应当按照税法规定和税务部门要求，合法合规申报纳税，如遵守税务申报期限、申报税款、缴纳税款等，防范和化解税务风险和纳税风险。

第三，接受税务部门的检查和调查。企业应当接受税务部门的检查和调查，如配合税务部门进行税务审计，提供必要的协助和配合，确保税务审计的公正、客观、真实和合法。

第四，建立完善的税务管理制度。企业应当建立完善的税务管理制度，包括税务内部控制制度、税务申报制度、税务合规制度等，确保税务合规和税务管理的有效性和可操作性。

1.3.3　从法务的角度分析

企业合规是现代商业运营的重要组成部分，它不仅关系到企业的声誉和可持续发展，还直接影响到法律风险的管理。本文从法务的角度出发，探讨企业合规的重要性，并提供一些关键策略，以帮助企业确保遵守适用的法律法规，构建诚信和可信赖的商业环境。企业合规在当今商业环境中变得越发重要。法务团队在企业合规中扮演着关键角色，负责确保企业在各个方面遵守法律法规，管理法律风险，维护企业声誉和可持续发展。

（1）企业合规的重要性

第一，法律风险管理。合规有助于降低企业面临的法律风险。法务团队应密切关注适用的法律法规，评估其对企业业务的影响，并制定相应策略以规避风险。

第二，声誉保护。合规帮助企业建立和维护良好的声誉。遵守法律法规，诚信经营，保护客户和利益相关者的权益，有助于树立企业的良好形象。

第三，法律合规要求。各个国家和地区都有不同的法律合规要求，如《数据保护法案》《劳动法》《中华人民共和国反垄断法》（以下简称《反垄断法》）等。企业需要了解并遵守这些要求，以确保合法经营。

（2）企业治理关键策略

合规要求企业建立有效的企业治理机制。这包括明确的组织结构、责任分配和决策程序，以确保业务活动符合法律法规并遵守道德和职业道德准则。企业应制定和实施内部政策、程序和行为准则，以规范员工的行为，并建立适当的监督和纠正机制。

第一，《劳动法》合规。遵守《劳动法》是企业合规的重要方面。这包括正确执行雇佣合同、支付法定薪资、遵循工时限制、提供合适的工作环境，以及确保员工享有合法权益。

第二，知识产权保护。保护企业的知识产权，包括专利、商标、版权等。可能涉及与合同伙伴签订保密协议、监测侵权行为，以及采取法律行动保护企业权益。

第三，反垄断与竞争法。企业需要遵守反垄断和竞争法规，以确保公平竞争环境。这包括禁止垄断行为、限制竞争和滥用市场地位。法务团队应该与业务部门密切合作，确保企业的商业行为符合相关法律要求。

（3）数据保护和隐私

确保符合适用的数据保护和隐私法律要求，特别是在处理客户和员工个人数据时。这可能包括明确的数据处理政策、获得必要的同意、保护数据安全，以及及时通知数据泄露事件。

（4）反腐败和贿赂防控

采取措施防止贿赂和腐败行为的发生，确保企业及其代表的商业行为遵守相关法律，包括建立内部控制、培训员工、进行尽职调查和建立合规报告机制。法务团队是企业合规管理中不可或缺的角色，从法务的角度分析企业合规的重点，可以看到合规对于降低法律风险、保护声誉和维护企业可持续发展至关重要。通过制定和执行合规策略，企业可以建立诚信和可信赖的商业环境，赢得利益相关者的信任和支持。法务团队应与其他部门合作，确保企业遵守法律法规，并积极推动合规文化的树立。

1.3.4　从业务的角度分析

企业合规在现代商业环境中不可或缺，企业合规是确保企业在日常业务中遵守法律法规、道德准则和行业标准的重要要求。从业务的角度分析企业合规，可以帮助企业在经营过程中识别关键点，并制定相应策略来管理合规风险。

（1）重要合规内容

第一，业务合规风险评估。企业应对其业务活动进行全面的合规风险评估。重点关注与业务相关的法律、道德和道德风险，并评估其对企业的影响和可能产生的后果。例如，针对行业特定法规、消费者保护、环境保护和供应链合规等进行风险评估。

第二，合规政策和流程。制定明确的合规政策和流程，确保员工了解和遵守合规要求。这包括规定业务实践、销售和市场活动、采购流程、供应链管理、财务报告等方面的准则和程序。合规政策和流程应根据业务实际情况进行定制，并定期审查和更新。

第三，供应链合规。确保供应链的合规是至关重要的。企业应对供应商和合作伙伴进行审查，并确保其符合适用的法律法规和商业道德标准。关注供应链中的环境、劳工和人权等方面的合规问题，以确保供应链的可持续发展。

第四，营销和广告合规。在营销和广告活动中确保合规是至关重要的。企业应该遵守相关的消费者权益法律法规，如虚假宣传、价格欺诈、虚假广告和隐私保护等，确保广告内容准确、明确，并符合道德和法律准则。

（2）企业合规的实施策略

第一，建立合规文化。通过培训和教育活动建立强调合规的企业文化。确保员工了解合规要求，并具备相应的知识和技能。培养员工遵守合规的意识和行为。

第二，内部控制与监督。建立有效的内部控制和监督机制，确保合规政策和流程的执行。其中包括内部审计、监管合规报告和举报渠道的建立，以发现和纠正合规违规行为。

第三，持续改进和更新。合规工作需要持续改进和更新，并定期审查合规政策和流程，根据法律法规的变化和业务需求进行相应的调整，以适应新的挑战和风险。

企业合规是业务运营的重要组成部分。通过从业务的角度分析企业合规的关键重点和实施策略，企业可以有效管理合规风险，遵守法律法规，并建立可持续发展的商业环境。建议企业与专业合规团队合作，制定和执行适合企业业务的合规计划，确保合规工作的有效实施。

1.4 企业合规热点

当今全球商业环境日益复杂，各种监管法规的实施也越来越严格，使企业合规面临着越来越高的挑战。企业合规热点问题也因此不断涌现，了解企业合规热点对企业来说至关重要，只有通过对当前热点问题的深入分析和解决，企业才能够避免因不合规而带来的重大经济风险。在这个背景下，我们有必要深入了解当前的企业合规热点问题，并找到应对之道。当今企业合规管理的热点主要集中在以下几个方面：知识产权保护合规，数据隐私合规，财务报告合规，税务合规，环境保护合规，知识产权、商业机密的保护合规等（见图1-7）。

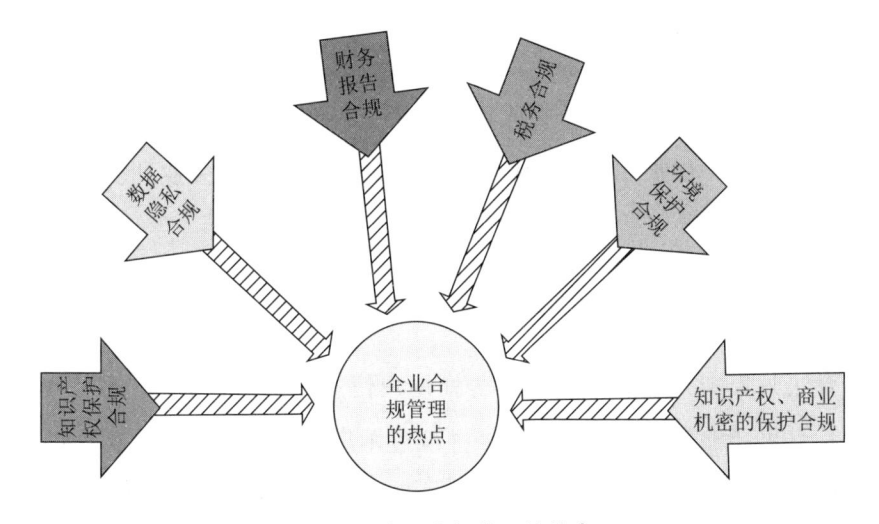

图1-7　企业合规管理的热点

1.4.1 知识产权保护合规

知识产权保护合规是当前企业合规管理的热点问题之一。知识产权是企业的核心资产，对企业的价值和竞争力有着决定性的作用。随着数字化时代的到来，知识产权的保护和管理变得更加复杂和困难，尤其是在全球化的背景下，跨国知识产权保护和维权面临着巨大的挑战。对此企业需要通过合规措施来保护自己的知识产权。这包括制定和实施知识产权保护策略，加强内部知识产权管理，加强对供应商、客户和合作伙伴的知识产权保护要求，并积极参与知识产权的维权和打击侵权行为。同时企业还需要密切关注各国法律法规的变化，及时调整自己的知识产权保护策略，并与专业律师和咨询机构合作，加强对知识产权法律、合规风险管理的培训和教育，提高员工的意识和能力。

1.4.2 数据隐私合规

随着数字化时代的到来，数据隐私合规成为越来越重要的企业合规领域。数据隐私合规是指企业在收集、使用、存储、处理个人信息时遵循法律和行业标准，保护用户的隐私权利，同时保护企业的商业利益。数据隐私合规的实践主要包括以下几个方面。

（1）企业需要合法收集和使用用户的个人信息

合法收集个人信息需要明确告知用户信息收集的目的、范围、方式，以及信息可能涉及的风险等内容，并经过用户的明示同意。企业需要建立健全的个人信息保护制度，明确信息管理的责任和流程，并加强信息安全管理。

(2)企业需要保护用户的个人信息安全

企业应采用各种措施保护个人信息的安全,包括技术安全措施、物理安全措施和管理安全措施等。例如,加强网络安全管理,防止黑客攻击和数据泄露;限制员工对敏感信息的访问权限;对个人信息进行加密等。当个人信息被泄露时,企业应该及时通知受影响的用户,并采取必要的措施减少损失。

(3)企业需要加强对第三方服务供应商的管理

在使用第三方服务供应商的过程中,企业需明确第三方供应商的个人信息管理措施是否合规,并建立相应的监管和管理机制。

数据隐私合规是企业合规的重要方面之一。企业应该重视个人信息保护,并加强隐私管理体系建设,确保合法收集和使用个人信息,保障用户隐私权益,同时也保护企业的商业利益。

专栏 1-4

美团:合规体系的构建

2003年4月大众点评网成立于上海,第三方消费点评网站美团网于2010年3月4日在北京上线,美团持续推动服务零售和商品零售在需求侧和供给侧的数字化升级,是独立的团购网站。2015年10月8日,美团网与大众点评网达成历史性战略合作,成为中国O2O绝对领导者。2018年9月20日,美团在港交所挂牌上市。以团购起家,不断拓展业务,形成对餐饮、酒店、旅游、社区电商等本地生活场景的全覆盖,同时发力于零售、出行及供应链等新业务的探索。美团作为一家科技零售公司,以"零售+科技"的战略践行"帮大家吃得更好,生活更好"的公司使命。美团法律合规事务部成立于2016年,主要负责识别与应对公司在经营活动中的法律风险，致力于建成体系化的法律合规机制，为业务发展提供全方位的法律支持。

一、合规体系的构建

美团在合规管理方面建立了一个严密的体系，以确保公司的经营活动在法律和商业道德框架内进行，同时保护了平台内经营者和消费者的权益。

（一）组织结构

美团的合规体系是多层次的，集团层面的阳光委员会由集团副总裁担任主席，下设各个合规职能部门。这种分层次的结构有助于确保在整个组织中对合规问题有敏感性和负责性。分布在各省的分公司也设置了专门的合规部门或合规监察人员，作为企业合规的第一道防线发挥其职能。

（二）培训和宣传

培训在合规体系中起着关键作用。美团采用了巡讲团的方式，对全国业务部门进行全覆盖式廉正宣讲。宣讲团的讲师来自各个业务部门，经过培训后回到各自部门，传递合规意识并强化廉洁文化。这种宣讲方式构建了立体的廉洁生态链，确保合规文化的深入根植。

（三）预防措施

除了培训，美团还通过浸入式合规提示强化合规文化。其发布的"美团七条"廉洁自律宣言为员工提供了具体的指导原则；美团积极开展对第三方或供应商的合规培训有助于拓宽合规文化的影响范围。这些预防措施有助于员工更好地理解和遵守合规要求。

（四）监察巡查和风险识别

美团实施了监察巡查模式，由集团合规部门派专员到全国业务部门进行巡查、接收举报，动态查处违法违纪行为。这种举措确保了及时发现并应对违规行为，维护企业的合法权益。美团还拓宽了举报渠道，鼓励员工和合作伙伴积极参与合规监督。

二、企业制订合规计划

除了构建合规体系，美团还积极参与制订合规计划，以确保公司的经营活动遵循国家法律法规和商业道德。

（一）整体性合规计划

合规计划需要与企业的特点相结合，并将国家法律法规内化为内部规章制度。这意味着合规计划不仅仅是形式上的文件，更需要在实际操作中得到贯彻执行。美团强调整体性合规计划的制订，并严格执行以确保公司在法律框架内运营。

（二）合规培训

为了帮助企业员工更好地理解和遵守合规要求，美团开展了合规培训。这不仅包括一般性的培训，还包括特定领域的合规培训，以满足不同部门和岗位的需求。培训不仅局限于员工，还包括对供应商和第三方的培训，以确保整个供应链的合规。

（三）提升企业家合规意识

企业家在决策和经营中发挥着关键作用，因此他们的合规意识至关重要。美团致力于提升企业家本身的合规培训，以帮助他们更好地理解合规问题，做出符合法律和商业道德的决策。

三、结论与启示

美团的合规管理体系以及制订合规计划的努力表明了企业对法律合规和商业道德的高度重视。合规管理的成功实施不仅有益于美团自身，还对中国互联网经济的健康发展起到积极作用。

从美团的合规体系的构建中，我们能够汲取以下几点启示。

第一，建立全面的合规体系。建立多层次的合规体系，从高层领导到基层员工都应参与其中，有助于确保合规文化在整个组织中得以传播和贯彻。

第二，持续培训和预防。培训和预防措施是确保合规管理成功的关键因素。通过定期培训，组织可以提高员工的合规意识，减少违规行为的风险。

第三，前瞻性风险识别和整合合规计划。组织应该具备前瞻性的风险识别机制，以及能够将国家法律法规内化为内部规章制度的能力。这样可以减少发生违规行为的可能性，保护组织的声誉和利益。

（资料来源：由多方资料整理而成）

1.4.3　财务报告合规

财务报告合规一直是企业合规的热点之一。在财务报告合规方面，企业需要确保其财务报告的真实性、准确性和完整性，并符合会计准则和法律法规的规定。财务报告是反映企业经营状况和财务状况的重要工具，对企业的经营、投资者的决策，以及金融市场的运转都有重要的影响。财务报告合规是指企业依照会计准则和法规要求编制和披露财务报告，确保其财务报告的真实性、准确性和完整性。其不仅涉及企业财务报告的编制和披露，也包括企业内部控制、风险管理等方面的合规性。

在财务报告合规方面，企业需要遵守相关的会计准则和法规。会计准则是指规范企业会计核算和财务报告编制的标准，如中国的《企业会计准则》、《国际财务报告准则》（IFRS）等。而法规则是指与企业财务报告编制和披露相关的法律法规，如《公司法》、《中华人民共和国证券法》（以下简称《证券法》）、《中华人民共和国会计法》（以下简称《会计法》）等。企业在进行财务报告合规时，需要注意以下几个方面。

（1）企业需要建立健全的内部控制制度

内部控制制度是指企业为达到经营目标而建立的一系列控制措施和程序，包括财务会计内部控制、合规性审计等方面的控制。企业应该建立完善的内部控制制度，确保财务报告的真实性、准确性和完整性。

（2）企业需要进行风险管理

财务风险管理是指企业针对财务报告编制过程中的各种风险进行的管理。企业需要识别、评估和控制财务报告编制中存在的各种风险，确保财务报告的准确性和完整性。

（3）企业需要进行合规性审计

合规性审计是指对企业的财务报告编制和披露、内部控制制度等方面进行的审计。企业应该选择专业的审计机构对其财务报告进行审计，确保其财务报告的合规性。

财务报告合规是企业合规的重要组成部分，关系到公司的形象、信誉和投资者的信心。企业需要建立健全的财务报告合规制度和内部控制制度，定期进行内部审计和评估，及时发现和解决问题，并积极应对各种合规监管要求。只有这样，才能保证企业财务报告的准确性和可靠性，保护投资者的权益，增强市场竞争力。

1.4.4 税务合规

税务合规已成为企业不可忽视的重要领域。企业需要加强内部管理、完善制度机制、提高员工意识，确保税务合规的实施效果和成果。税务合规是企业合规的重要领域之一，旨在确保企业在税务方面的合规性。税务筹划合规是指企业在遵守税收法律法规的前提下，通过合理的税务筹划方式减少税负、提高效益的行为。税务筹划合规需要遵守相关的税收法律法规，避免利用漏洞、规避税收责任等行为，确保税务筹划的合法性和合规性。税务合规的重点包括税务申报合规、税务筹划合规、税务审计合规和税务风险管理合规等方面（见图1-8）。

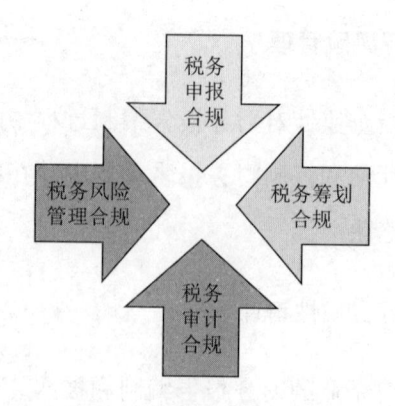

图 1-8　税务合规的重点

（1）税务申报合规

企业应当按照国家税务机关的要求及时、准确地申报企业所得税、增值税等税种，避免漏报、错报或虚报等不合规行为。

（2）税务筹划合规

企业可以通过税务筹划合法合规地降低税负，但必须遵守相关税法法规，不能采取违规操作，如利用假发票等手段减免税款。

（3）税务审计合规

企业应该积极配合税务机关的审计工作，及时整改审计发现的问题，确保企业税务行为符合相关法规和规定。

（4）税务风险管理合规

企业应该根据自身情况和税收政策变化等因素，及时调整税务策略和风险管理措施，避免税务风险对企业经营造成的不利影响。

1.4.5 环境保护合规

当今社会，环境保护意识越来越强，环境保护合规也成为企业合规的重要方面。随着环境污染和资源浪费问题的日益凸显，政府和社会对企业的环境保护要求也越来越高，因此企业需要加强环境保护合规。环境保护合规主要是指企业在生产经营活动中遵守国家和地方的环境保护法律法规，如排放标准、废水处理、废气处理、噪声污染控制等，以及履行环境保护相关的社会责任。企业需要制定并执行相关的环境保护制度和措施，确保生产经营活动不对环境造成污染和破坏，并积极推行绿色生产和循环经济。环境保护合规的重点领域包括以下几个方面。

（1）废水处理和排放

企业需要遵守相关的国家和地方排放标准和污染物排放限值，合规地进行废水处理和排放。为了达到合规的要求，企业需要建立科学、严格的废水处理系统，使用符合要求的废水处理设备和药剂，确保排放的废水符合相关标准和要求。

（2）废气处理和排放

企业需要遵守相关的国家和地方废气排放标准和污染物排放限值，合规地进行废气处理和排放。为了达到合规的要求，企业需要建立科学、严格的废气处理系统，使用符合要求的废气处理设备和技术，确保排放的废气符合相关标准和要求。

（3）噪声污染控制

企业需要遵守相关的国家和地方噪声污染控制标准和限值，合规地控制噪声污染。为了达到合规的要求，企业需要采取有效的噪声污染控制措施，如安装噪声隔墙、使用噪声减振设备等。

（4）资源利用和节约

企业需要积极推行绿色生产和循环经济，合规地利用和节约资源。为了达到合规的要求，企业需要采取有效的节能减排措施，如使用新能源、提高资源利用率、降低排放量等。

篇末案例

湖南建工集团：诚信合规体系

建筑行业的企业时常要面对工程质量问题、安全生产问题、环保方面的合规问题。维持高质量的工程是建筑企业的生命线，每一个项目都必须严格按照国家和地方的建筑标准进行，以确保所有工程的质量都能达到最佳的效果。面对这些可能出现的合规问题，应建立一套有效的方案进行应对，建立并执行合规政策，这包括定期对员工进行合规培训、定期进行合规检查。集团内部要建立一套风险管理系统，识别并及时处理潜在的问题。当出现问题时要及时有效地处理，找出问题根源，改进流程。

一、公司简介

湖南建工集团有限公司（以下简称湖南建工集团）成立于1985年5月15日，是一家具有建筑安装、路桥施工、勘察设计、科学研究、人才培训、高等职业教育、设备制造、房地产开发、对外工程承包、劳务合作、进出口贸易等综合实力的大型企业集团。湖南建工集团是位列中国五百强的大型国有企业，曾参加由世界银行资助的一个道路翻修项目的竞标，被世界银行廉政局查出竞标时提交的业务经验文件不真实，构成了《世界银行集团诚信合规指引》所定义的欺诈行为，对此世界银行给出了相关的制裁。

二、合规管理实施及其效果

针对湖南建工集团出现的违规问题，2013年10月世界银行对其做出"附解除条件的取消资格"两年的制裁决定，这份制裁决定包括湖南建工集团（包括其关联企业）在两年内不得参与世界银行资助的项目，也不得因世界银行贷款而获得收益。两年期满恢复申请资格的条件：一是针对被制裁的违规行为采取了适当的补救措施；二是建立并执行了符合世界银行要求的、有效的诚信合规计划。世界银行的制裁给湖南建工集团既造成了贷款融资上的困难，也造成了声誉上的重大损失。为挽回声誉、避免更大的损失、解除制裁，湖南建工在世界银行的监控和指导下开始了建立有效合规计划的行动。

（一）建立一套完整的诚信合规政策和程序

在程序方面，该项文件确立了评估和审计制度，要求对合规风险进行定期评估，加强合规审计，及时修改合规政策，并对合规风险及合规审计工作进行年度报告。为鼓励员工和杜绝第三方违规行为，该项文件建立公开沟通、合规咨询、报告和举报热线、举报处理，以及对举报人的保护等方面的程序。对于帮助发现违规行为的员工和第三方，该文件还建立了奖励制度，而对于违法违规的员工，则建立了惩戒制度。

湖南建工集团建立的这套合规政策和程序主要包括十三项内容：一是禁止行为；二是商业伙伴尽职调查；三是业务活动中的反贿赂和反欺诈防范；四是合同签署后的监督；五是特殊支出；六是人事；七是准确的记录；八是合规委员会和首席合规官；九是评估和审计；十是培训；十一是合规证书；十二是沟通和报告；十三是奖励和惩罚。其中，前七项属于该公司针对专门的合规风险，在反贿赂和反欺诈方面所确立的合规政策。而后六项则属于该公司为实施合规政策所确立的合规组织体系和合规实施程序。

(二) 建立合规组织体系

湖南建工集团的《诚信合规政策和程序》确立了以诚信合规委员会、首席合规官、集团法律合规部和各单位法律合规部为框架的合规组织体系，明确了集团诚信合规委员会、首席合规官，以及子公司合规负责人的职责，确立了合规工作联席会议制度和合规工作审查的制度。

湖南建工集团成立了直接隶属于董事会的诚信合规委员会，集团纪委书记担任该委员会负责人，集团主要高层管理人员为该委员会成员，集团任命集团总法律顾问兼任首席合规官。集团设置的合规部门将合规职能划入原来的法律事务部，将其名称改为法律合规部。法律合规部下设合规处，负责集团的诚信合规体系的建立和实施工作。在法律合规部下设若干合规专员。不仅如此，集团还将所属各单位原来的法律事务部统一更名为法律合规部，增加其诚信合规工作职能，负责各单位诚信合规管理工作。

(三) 配合世界银行的合规审查和持续监督

为与世界银行的合规指引保持一致，湖南建工集团的合规政策对"回扣、贿赂及报酬""欺诈、串通及施加压力""涉及政府官员的支付行为"进行了准确的定义，确定了合法与非法的界限。针对商业伙伴出现的违规行为，该项政策确立了尽职调查的一般要求和程序，明确了尽职调查的豁免规则。在业务活动中为有效防范贿赂和欺诈行为，该项政策在利益冲突、签订合同、合同审查、招投标、资料提供、外部法律顾问聘请，以及合同存档等方面确立了具体的规范要求。针对合同签订后的监督环节，该政策提出了及时通知、商业伙伴的再次认证、审查支付、处理结果，以及存档等方面的具体要求。不仅如此，该项政策还对包括礼品、招待、差旅费用、捐款和赞助、便利费用等特殊支出，确立了专门的行为规范。对于人事选拔、准确记录账簿和合规档案等做出了有针对性的规范。

按照世界银行的合规要求，接受制裁的企业，要向世界银行定期汇报合规进展情况，接受世界银行战略委员会顾问、首席合规官的诚信合规检查。世界银行还会聘请独立的合规监督员对企业合规建设进展情况进行监督和审查。在实施合规体系过程中，湖南建工集团不仅定期向世界银行进行了合规进展情况报告，而且数次接待世界银行首席合规官和独立合规监督员的现场检查，接受他们有关改进合规体系的建议和要求。集团接受了世界银行合规部门的数次现场审查，按照该银行的要求进行整改，并接受了独立合规监督人的监督和指导。最终在合规体系建设上得到了世界银行的认可。

三、结论与启示

湖南建工集团在面临世界银行的制裁后，采取了积极有效的合规整改措施，以挽回声誉、避免进一步损失并最终获得世界银行的认可。这些措施包括建立全面的诚信合规政策和程序、构建合规组织体系，以及全面配合世界银行的审查和监督。通过这些措施，湖南建工集团成功建立了健全的合规体系，重塑了其在国际合作中的声誉。

从湖南建工集团被世界银行制裁后积极构建诚信合规体系的行为中可以发现以下几点启示。

第一，制定全面的合规政策和程序是关键。有效的合规体系需要明确的政策和程序，以规范员工和业务合作伙伴的行为。湖南建工集团通过制定详尽的合规政策和程序，确保了在各个环节都有明确的规范和标准。

第二，建立强有力的合规组织体系。合规需要明确定义的组织架构和责任分工。湖南建工集团成立了专门的诚信合规委员会，设立首席合规官，以及在各单位设立法律合规部门，确保了合规工作的有序推进。

第三，全面配合审查和监督。在国际合作中，与国际机构的合规要求保持一致非常重要。湖南建工集团的积极合作和全面配合世界银行的审查和监督，为解除制裁赢得了信任。这也强调了合规工作的持续性和不断改进的必要性。

（资料来源：由多方资料整理而成）

本章小结

企业合规管理在当今商业环境中具有重要意义，它能够保护企业的合法权益，降低法律风险，提升企业形象和竞争力。财务与税务合规是其中的热点，但也要重视其他领域的合规要求。只有建立完善的合规体系，企业才能够在合规时代稳步发展。

①企业规范和企业合规是保障企业发展的双重支柱，本章着重探讨了企业合规管理的概念、意义和历程，并重点关注财务与税务合规和其他热点类型。

②企业合规管理是指企业在运营过程中遵守法律法规、行业规范和道德规范的行为和实践，其目的是确保企业遵守法律，维护社会公正和诚信原则，降低法律风险，并提升声誉和可持续发展能力。

③企业合规管理涵盖多个领域，包括人力资源、环境保护、知识产权和消费者权益保护等。随着社会发展和法律法规的完善，企业合规管理成为时代的要求，越来越多的企业将其纳入战略规划和管理体系中。

④财务与税务合规涉及财务报告、纳税申报和税务筹划等方面。各国政府加强对企业财务与税务合规的监管力度，以防止逃税和财务欺诈行为。企业应遵循国家税法规定，及时准确申报纳税，合理规划税务筹划，避免法律风险和经济损失。

⑤其他热点类型包括数据隐私合规、反腐败合规和网络安全合规，这些领域与企业的声誉和可持续发展密切相关。建立完善的内部控制机制、培训合规意识、制定合规政策和程序等是企业合规管理的实施要求。

第 2 章

企业合规风险与内部控制

企业合规风险是企业在经营管理中未能遵守相关法律法规、规章制度、行业标准和商业道德等要求，导致承担法律、行政、财务、税务、环保等方面的风险。这些风险可能给企业带来严重的财务、声誉和信誉风险，甚至会导致倒闭和承担刑事责任。为了提升企业的合规能力，企业需要注重两个方面：高管合规管理能力提升和合规组织管理。其中，高管合规管理能力提升包括加强内控组织领导、建立内部传导机制、优化管理路径、加强法治建设、深化管控措施等。为实现合规，企业需建立健全的内部控制制度和管理体系，确保财务信息真实、准确、完整，并遵守税收法规。同时，企业还需保持对财务和税务政策的敏感性和及时性，提高风险识别和评估能力，并能够及时采取相应的风险防范措施。

> 开篇
> 案例

恒瑞医药：打造网格化合规管理体系

当前我国医药产业正处在从高速增长到高质量发展跨越的重要历史新阶段，医药创新生态也正在发生变革，高水平合规将为助推医药产业可持续发展筑牢根基，完善的合规管理体系已成为医药企业最闪亮的名片。《中国医药企业与医疗机构合规蓝皮书（2019—2020）》（以下简称蓝皮书）深入分析了医药与医疗行业合规"痛点"，蓝皮书建议坚守合规底线。随着全国医药领域腐败问题集中整治工作视频会议的召开，一场针对医药行业全领域、全链条、全覆盖的反腐风暴正式拉开序幕。由于此次集中整治明确指向医药领域生产、供应、销售、使用、报销等重点环节和"关键少数"，医药企业因此成为反腐的"风暴眼"。监管部门连续多次重磅发声，表达对医疗反腐的行动和决心，在强监管、严监管的新常态下，合规经营、转型升级是推动高质量发展、促进医药产业由大向强转变的重要举措。

一、公司简介

恒瑞医药原名连云港制药厂，成立于1970年，1997年改为江苏恒瑞医药股份有限公司，2000年在上海证券交易所上市，以科技为本，致力于创新药物的研发和生产。下设多个子公司和分支机构，拥有国家级技术中心、工程中心和实验室。恒瑞医药的主要业务涉及抗生素、心脑血管药物、抗肿瘤药物及疫苗等领域。从行业大环境来看，受到医保控费、带量采购、医保谈判、仿制药一致性评价、药占比及医药代表备案制等一系列医改措施的影响，包括恒瑞医药在内的广大药企从研发、管理到销售模式无不面临严峻挑战，全方位战略调整已成必然方向。恒瑞医药恪守上市公司通用规章及《中华人民共和国药品管理法》《中华人民共和国药品管理法实施条例》《药品生产监督管理办法》等医药行业相关法律法规，大力加强内部风险管控及合规管治工作，将"诚实守信，质量第一"的原则落实到企业经营的全流程中，最大限度地避免合规风险。

二、合规管理实施及其效果

恒瑞医药管理层历来高度重视合规管理工作，一贯坚持"诚实守信，质量第一"的经营原则，明确"将合规作为公司第一要务"，要求全体员工牢记"坚持守法，合规经营"是坚决不能逾越的"红线"。公司致力于建立行业领先的合规管理体系，持续投入探索最佳实践，着力打造恒瑞医药合规文化，推动企业治理体系和治理能力建设，促进公司健康可持续发展。

（一）公司内部的管治体系

合规管理的核心架构是公司内部的管治体系，这一架构以"合规管理委员会—合规管理委员会办公室—各级合规部门"为基础，形成了明确的职责分工和监督体系。合规管理委员会在董事会的领导下，负责公司合规管理战略规划和重大制度的统筹实施。合规管理委员会办公室则是合规管理的归口部门，其职责包括组织、协调、监督公司的合规管理工作，指导、监督、考核公司各部门、分公司的合规管理工作。为了更好地贯彻合规管理，各部门、分公司根据风险等级和实际情况设立了合规管理部门或专职合规管理人员或兼职合规管理人员，负责相应领域的日常合规管理工作。这一清晰的合规管理架构确保了合规管理工作的高效推进。在公司发展的过程中，随着业务的扩张，为了适应公司集团化、国际化的发展需求，恒瑞医药还制定发布了《事业部合规团队管理办法》等内部制度，进一步规范了事业部合规团队的管理。这一举措有助于提高各事业部的合规水平，确保各项业务在法律框架内进行。

（二）合规工作的两大主题

合规管理和廉政建设是公司合规工作的两大主题，它们的持续推进有助于完善公司的内部合规审查机制。公司构建了全面覆盖、职责清晰、协同联动、有效执行的网络化合规管理责任体系,确保合规标准的执行。同时,公司制定并试行各类专项指引,为业务开展提供了明确的合规指导。此外,公司还搭建了事前合规审核流程,加强项目准入审核,进一步提升项目的质量和合规性。这一层层递进的审查机制,确保了各项业务活动的合规性,降低了法律风险。

(三)合规培训与合规文化建设

恒瑞医药通过清晰的管理架构、内外部审查机制、合规培训及文化建设,取得了显著的合规管理效果。这些措施不仅降低了法律风险,还维护了公司的声誉和信誉,提高了员工的合规意识,为公司的可持续发展奠定了坚实的基础。在合规管理的道路上,恒瑞医药稳步前行,展现出了一个负责任的企业形象。

第一,合规培训。恒瑞医药对员工的培训也是合规管理的重要一环,公司注重为新员工、相关部门及专业人员提供培训,以提高员工的合规意识。培训内容涵盖了合规政策、法律法规等方面的知识,帮助员工了解并遵守相关规定。这不仅减少了内部违规行为的发生,还确保了公司在法律法规方面的合规性。

第二,合规文化建设。恒瑞医药将合规管理融入公司的文化,公司一直恪守商业道德,以党建、ESG(环境、社会和公司治理)管治为引领,将合规理念贯穿整个组织,公司积极履行社会责任,以可持续发展为目标,树立了良好的企业形象,这一文化建设不仅是合规管理的重要支撑,也是公司成功发展的关键因素之一。

三、结论与启示

恒瑞医药通过坚守合规底线,建立了行业领先的合规管理体系,为公司的可持续发展筑牢了坚实的基础。公司的内部管理架构及审查机制确保了合规标准的执行,降低了法律风险。合规培训和合规文化建设使员工具备合规意识，维护了公司的良好声誉。由此，我们可以得到以下几点启示。

第一，合规管理是医药企业可持续发展的关键。医药企业应当将合规管理视为重要任务，建立明确的管理体系和审查机制，确保各项业务合规。

第二，文化建设是合规管理的支撑。公司应当将合规理念融入企业文化，以党建、ESG管治等为引领，树立合规文化，形成公司的合规价值观。

第三，合规培训是必要的。为员工提供合规培训，使其了解并遵守相关规定，是维护公司声誉和降低法律风险的有效途径。公司应当持续加强对员工的合规教育和培训。

（资料来源：由多方资料整理而成）

2.1　企业合规风险

企业合规风险是指企业在经营管理中未能遵守相关法律法规、规章制度、行业标准、商业道德等要求，或是存在不合规行为、制度缺陷和监管漏洞等情况，从而导致企业承担法律、行政、财务、税务、环保等方面的风险。企业合规风险是企业在经营管理中必须重视的一个方面，如果不加以防范和控制，可能会给企业带来严重的财务、声誉和信誉风险，甚至可能导致企业倒闭和承担刑事责任。企业必须高度重视合规风险，采取相应措施，防范合规风险的发生，确保企业在经济、法律和社会责任等方面的合规性。

2.1.1　企业合规的重要性与风险管理

如今的商业环境复杂多变，企业合规面临的挑战也越来越多。企业合规不仅仅是一项管理措施，更是企业责任的体现。如果企业忽视合规问题，就会面临各种风险，例如经济损失、法律诉讼、品牌声誉受损等。企业必须加强合规管理，建立完善的内部合规制度，并通过培训、奖惩制度等措施提高员工的合规意识。企业应该优化风险管理流程，对关键风险进行监测、预警、防范和应对，降低企业面临的风险和损失。此外，企业还应该加强对自身合规情况的监管和自我评估，及时发现和纠正合规问题，从而营造良好的合规文化。

（1）企业合规的重要性

企业合规是一项非常重要的管理措施，是企业经营的基石。企业合规可以提高企业的声誉和信誉。在当今市场竞争激烈的环境中，企业的声誉和信誉对其长期发展至关重要。如果企业能够严格遵守法律法规和道德规范，就可以赢得外界的尊重和信任，提高企业的声誉和信誉。企业合规可以保障企业的合法权益。在合规的前提下，企业可以依法享受各种权益和利益，规避各种法律纠纷和诉讼风险。而且，企业合规还可以提高企业的竞争力。在竞争激烈的市场环境中，企业的合规能力也成为企业竞争的一项重要指标。

第一，提高企业的声誉和信誉。企业的声誉和信誉是企业在市场中获得成功的重要因素之一，也是企业的无形资产之一。企业在遵守法律法规和道德规范时，将建立起一种正面的形象，这种形象会促使内部员工更加努力工作，同时也会吸引外部股东、投资者和客户。这些人群看重的不仅是企业的利润，他们更注重企业的社会责任和声誉。企业合规的实践可以证明企业不仅是一家赚钱的机构，而且也是一个遵守法律、道德规范的良好企业公民，这将为企业在市场中赢得良好的声誉和信誉，为企业的长期发展提供重要支持。一个声誉和信誉良好的企业不仅在业务拓展、融资等方面更具优势，而且可以吸引更多的人才加入，进而形成一种良性循环，提高企业的市场地位和核心竞争力。

第二，保障企业的合法权益。企业在合规的前提下，能够遵守法律、政策和规定，规避法律风险，保障企业的合法权益。一旦企业违反了法律规定，可能会面临诉讼、罚款或其他惩罚性措施，这对企业的经营和声誉会造成极大的损害。企业必须加强合规管理，保障自身的合法权益。尤其是在商业合作时，合规的企业更容易获得合作伙伴的信任和尊重，从而提高企业的商业信誉和市场竞争力。遵纪守法的企业还能获得政策和补贴的支持，提高企业的盈利能力和竞争优势。

第三，提高企业的竞争力。企业在市场竞争中需要遵守行业规则和市场规律，企业能够严格遵守法律法规和行业规定，可以避免因违反规定而被罚款或被追究刑事责任等惩罚，保障企业的合法地位和信誉，提高企业在市场上的竞争力。合规行为也能体现出企业的社会责任感，赢得社会各界的认可和尊重，从而增强企业的品牌形象和美誉度，提高消费者对企业的信任度和忠诚度。这些因素都将为企业带来更多的商业机会和收益，提高企业的市场竞争力，为企业的可持续发展奠定坚实的基础。

（2）风险管理的必要性

企业合规管理是指企业遵守法律、法规、行业标准、企业规章制度等规范性要求的管理行为，它是企业经营管理的基本要求之一。而风险管理则是指通过识别、评估和处理潜在的和实际的风险保护企业的利益和财产，避免或减轻可能对企业造成的不利影响。一方面，企业合规管理本身就是为了避免法律风险、行政处罚等不利后果，而风险管理可以帮助企业在更全面、更系统的层面上识别和管理这些潜在的风险。另一方面，随着全球化和信息化进程的加速，企业面临的风险日益复杂和多样化，如合规风险、信用风险、经营风险等，只有通过风险管理，企业才能更好地识别、评估和处理这些风险，保护自身的利益和财产。风险管理的必要性在以下几个方面得到体现。

第一，预防和减少风险损失。通过风险管理，企业可以更好地识别和评估潜在的风险，制定相应的风险管理策略和措施，以减少或避免风险损失的发生。这样，企业能够在保护自身利益的同时，降低经济损失，提高经济效益。例如，企业可以通过风险评估，识别出可能发生的自然灾害、技术事故、市场波动等各种潜在风险，并制定相应的预防和应急措施。这些措施可能包括：建立应急预案、购买保险、加强设备维护和更新、多元化经营等。通过这些措施，企业可以有效预防和减少风险损失，降低经济风险和法律风险，保障企业的长期稳定发展。

第二，保障企业的利益。企业面临着各种潜在的和实际的风险，如市场风险、信用风险、法律风险等。通过风险管理，企业可以识别和评估这些风险，并制定相应的应对策略和措施，从而保障企业的合法利益和财产安全。此外，风险管理还可以提高企业的反应能力和应对能力，使企业能够更加迅速地应对风险事件，降低损失，保护自身利益。

第三，提高企业的竞争力。有效的风险管理可以减少企业的损失和风险，降低企业的经营成本，提高企业的效率和质量，从而提高企业的竞争力。通过风险管理，企业可以更好地掌握市场变化、行业趋势和利润机会，制定更为科学的经营决策，提高企业的市场占有率和盈利能力。

（3）企业合规的实践

企业合规的实践内容是企业必须遵守相关法律法规和道德规范，建立合规制度和流程，规范经营行为，保障企业长期发展和利益。企业合规实践内容包括以下几个方面：建立健全的内部管理制度和流程、遵守法律法规和道德规范、保障生产过程中的安全和环境保护、保护消费者权益和积极履行社会责任。

第一，建立健全的内部管理制度和流程。企业应当建立健全的内部管理制度和流程，包括内部控制、审计、风险评估等；企业应当制定管理制度和流程，规范员工行为，防范内部腐败和贪污行为等；企业应当加强内部审计，发现问题及时解决，确保内部管理的健康和有效性。

第二，遵守法律法规和道德规范。企业必须遵守国家法律法规和道德规范，建立合规制度和流程规范经营行为。企业应当按照相关法律规定纳税、缴纳社会保险、遵守劳动法规、保障消费者权益等。同时，企业应该遵循商业道德和社会公德，维护公平竞争的市场环境，建立诚信经营制度、保护知识产权、规范营销行为等。

第三，保障生产过程中的安全和环境保护。企业应当按照国家相关法律法规和行业标准，采取相应的安全措施和环保措施，确保生产过程的安全和环保。企业应当加强安全教育，进行安全培训，遵守环保要求，减少对环境的影响。

第四，保护消费者权益。企业需保护消费者权益，建立健全的消费者服务体系并且加强产品质量监管，保证产品安全、健康、环保等。企业应当提供真实、准确的产品信息和服务承诺，杜绝虚假宣传和欺诈行为。

第五，积极履行社会责任。企业应当承担社会责任，推动企业可持续发展；企业应当承担环保责任、社会责任、公益责任等，积极参与社会公益事业，回馈社会；企业应当加强企业文化建设，营造良好的企业形象和社会形象；企业应当加强内部管理，遵守法律法规和道德规范，保障生产过程的安全和环保，保护消费者权益，积极履行社会责任等。通过有效的合规实践，企业可以规范经营行为，降低风险和成本，提高企业的竞争力和可持续发展能力，赢得社会各界的信任和支持。

2.1.2　合规风险的类型

合规风险的基本类型包括决策阶段的合规风险、执行阶段的合规风险、监管阶段的合规风险三种。决策合规风险和产品合规风险属于决策阶段的合规风险；合同合规风险、销售合规风险、采购合规风险、知识产权合规风险和安全合规风险属于执行阶段的合规风险；外贸合规风险、数据合规风险、财税合规风险、内控合规风险、公司治理合规风险和反垄断合规风险属于监管阶段的合规风险（见图2-1）。

```
决策阶段的合规风险          执行阶段的合规风险          监管阶段的合规风险
• 决策合规风险              • 合同合规风险              • 外贸合规风险
• 产品合规风险              • 销售合规风险              • 数据合规风险
                          • 采购合规风险              • 财税合规风险
                          • 知识产权合规风险          • 内控合规风险
                          • 安全合规风险              • 公司治理合规风险
                                                    • 反垄断合规风险
```

图 2-1　合规风险的类型

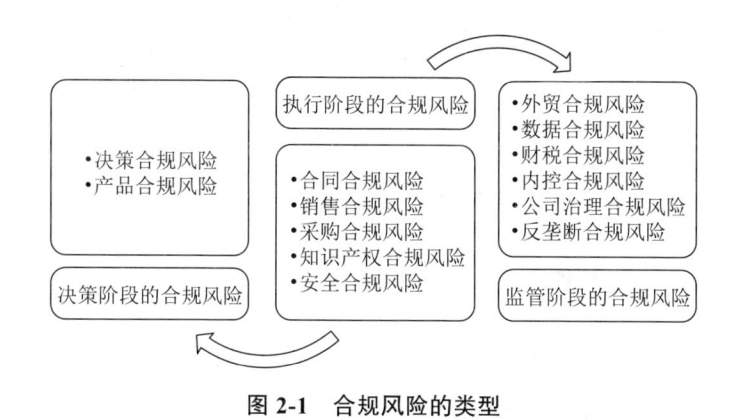

2.1.3　企业合规与刑事风险防范

企业合规和刑事风险防范是现代企业经营管理中非常重要的主题。企业合规意味着企业必须遵守相关法律法规、政策规定、行业标准等规范性文件，以确保其经营活动的合法性、合规性、诚信性和规范性。而刑事风险防范则是指企业必须采取有效措施，避免发生刑事犯罪行为，以维护企业的形象、声誉和利益。

在现代市场经济中，企业在追求利润和竞争优势的同时，也面临着严峻的合规和刑事风险。一些企业可能会存在不合法经营、虚假宣传、环保违规、腐败贿赂等问题，如果这些问题不及时发现和处理，就有可能导致企业承担巨大的法律责任和经济损失，甚至被判刑事犯罪。企业必须采取一系列措施，强化合规和刑事风险防范。

专栏 2-1

网易：自有法务团队

广州网易计算机系统有限公司（以下简称网易）是一家领先的互联网和游戏服务提供商，致力于提供优质内容。公司不断拓展游戏生态系统，形成丰富的产品矩阵，开发并运营了多款在中国和全球广受欢迎并且长盛不衰的手游和端游。网易的自有研发团队聚焦于手游、端游和主机游戏的研发，团队规模位居行业头部。除游戏外，网易的其他业务包括：技术智能学习、在线音乐平台，以及旗下自营生活方式品牌网易严选。

一、风险合规管理

网易工作的一部分与合规风险管理有关。这是一个复杂的过程，涉及诸多活动，从投资交易到新产品发布。网易的法务团队在这方面发挥着关键作用。在新产品准备进入海外市场时，法务团队便开始发挥作用。他们负责设计合规方案，这些方案旨在确保公司的行动始终符合相关的法律和监管规定。此外，这支团队还负责搭建发行主体架构，以保障公司可以在遵守规则的同时，尽可能高效地开辟海外市场。

对境内类似 Web 2C 的上下游行业进行投资是网易的另一重要运作，年度投资项目逾百个，涵盖游戏、教育、音乐、电商等领域。在运作时，法务团队负责设计交易架构，以确保投资的项目合理甚至最优化；会进行法律尽职调查，以了解并规避可能的法律风险；会起草交易文件为交易提供法律保障；也会参与谈判，以保护公司的利益。

二、侵权维权

维权工作在保证网易保持发展优势和市场竞争能力中起着重要作用。近两年，网易遭遇被侵权案例每年超过了 3 万件，每年采取诉讼方式的约有 600 个重大案件，其中既有国内的案件也有海外的案件。法务团队因此需要经常采取维权行动，"铁腕维权"之称并不是空穴来风。他们的维权方式包括非诉讼的维权、民事诉讼维权、行政诉讼维权，甚至最严重的刑事诉讼维权。诉讼的启动会量体裁衣，考虑案件的大小、影响及可能的结果。

法务团队拥有广泛的非诉讼法律知识和工作经验，这将对企业法务的工作大有裨益。他们还需要具备卓越的判断力和决策能力，以便在处理大量案件和维权决策时能够得心应手。网易团队在游戏直播案件、游戏反垄断案件、游戏著作权和不正当竞争案件等方面拥有丰富经验，在处理这些具有影响力的案件时已经形成了一套科学、严谨的法律战略。网易法务团队之所以强大，一部分原因在于他们具有精深的法律知识，另一部分原因在于他们这种精确而深思熟虑的策略性思考。

三、结论与启示

网易非常重视合规管理，并已将此作为其商业运营的一个核心部分。他们的法务团队在新产品的海外发布和多元化的投资交易中发挥了重要作用，他们通过设计合规方案、搭建发行主体架构、进行交易架构设计，以及法律尽职调查等一系列专业操作，为公司开拓海外市场提供了法律保障。

通过分析网易的合规管理及其强大的法务团队，我们可以得到以下几点启示。

第一，重视合规管理。公司应正视并重视合规管理，建立专业的法务团队，这样不仅能帮助公司合法高效运营，也能减少可能出现的法律风险。

第二，增强维权效率。非诉讼方式的维权效率高，而且避免了进一步的法律争端，是企业在处理侵权事件时值得借鉴的方式。

第三，增强侵权意识。在市场竞争日益激烈的今天，公司更应增强侵权意识，建立完善的知识产权保护体系，方能在激烈的市场竞争中占得先机。

（资料来源：由多方资料整理而成）

（1）企业常见的刑事风险识别

风险防控的起点是通过识别和评估风险，对风险源进行有效的防治和管控。企业面临的刑事风险主要涉及财务管理、融资、职务廉洁，以及生产经营等方面。财务管理的不当可能导致发票犯罪和税务犯罪的发生；融资不当可能引发金融犯罪；人员管理不善易导致企业员工职务犯罪；生产经营管控不当可能导致重大安全生产隐患的产生。

第一，财务管理刑事风险。在财务管理方面，企业可能会面临各种刑事风险，如虚开增值税专用发票罪、用于骗取出口退税的发票犯罪等。这些犯罪行为可能会导致企业遭受巨大的经济损失，同时也会对国家税收构成威胁，因此企业应该采取相应的措施，加强财务管理和内部控制，避免财务管理方面的疏漏和违规行为。此外，企业应该重视对员工的财务管理培训，增强他们的法律意识和风险意识，以提高企业财务管理的合规性和安全性。

第二，融资刑事风险。融资刑事风险主要是指企业进行融资活动时，可能面临非法吸收公众存款、骗取贷款、票据承兑、金融票证等风险。这些风险可能会导致企业本身的灭亡。在融资活动中，网络借贷、高息揽储，以及以"内部职工集资"等方式非法吸收公众存款，是常见的风险点。另外，投资管理企业在产品和业务宣传中做虚假宣传并许以高息、擅自支付手续费或补贴，向不特定人高息揽储也是一个风险点。企业应在法定范围内从事经营活动，未获得国家金融监督管理总局许可的情况下不得进行金融、证券、期货交易。若因资金短缺而许以高息非法吸收公众存款，则很可能导致资金链断裂，进而诱发更严重的法律风险。企业应该建立完善的调查方案和调查规程，进行自查自纠，及时整改经营内容超越登记范围甚至逾越法律规定范围的情况。同时，企业应该在融资活动中加强风险防控，严格遵守法律法规，不得从事违法违规的融资活动，以免引发严重的法律风险。

第三，企业人员"职务"类刑事风险。企业人员"职务"类刑事风险指的是企业内部人员特别是高管人员基于自身职务或职能所犯的刑事犯罪风险。这些犯罪包括行贿罪、非国家工作人员受贿罪、职务侵占罪等。这些犯罪主要是由于管理松弛、违规操作、制度缺失、监管乏力、机制不健全、权力失控等合规漏洞所导致的。为了防范企业职务风险，企业应该注重对重大决策的监督，强化财权、物权、人事权的管理，提高权力运行的透明度，依法招投标，重视企业人员利用购销、基建谋取私利。企业还应建立健全的内部控制制度，强化风险管理和合规管理，加强对员工的教育和培训，使员工自觉遵守法律法规，防范职务犯罪风险的发生。

第四，生产经营刑事风险。生产经营刑事风险主要指企业在生产经营过程中，可能涉及的刑事犯罪行为。这些犯罪行为往往以单位犯罪的形式表现，涉及的犯罪类型较多，如安全生产责任事故、串通招投标、生产销售伪劣产品、生产销售有毒有害食品和生产销售假药等。

企业在生产经营过程中，为了追求经济效益，往往存在一些不规范、不合法的行为，如忽视安全生产、使用假冒伪劣原材料、掺假掺水等，这些行为容易引发刑事风险。同时，企业之间的竞争也可能引发一些不正当的竞争行为，如串通招投标、贿赂等，这些行为同样涉及刑事风险。为了防范生产经营刑事风险，企业应该加强内部管理，完善制度，严格遵守法律法规，营造诚信经营的企业文化。企业应该加强对员工的培训和教育，提高员工的法律意识和风险意识，确保员工在生产经营活动中合法合规。

（2）企业刑事合规的作用

刑事合规是指企业为避免因相关行为而给企业及企业员工带来刑事责任所采取的合法措施。刑事合规包括所有客观上事前必要的或者事后被刑法认可的规范性、制度性及技术性的措施。这些措施能够降低组织或者组织成员实施的与组织有关且违反国内或国外法的经济犯罪行为的风险或者是相应的犯罪嫌疑的风险；或者是与刑事执法机构达成一致而对刑事处罚产生积极影响，并最终借此提高企业的价值。

刑事合规管理工作的目的是防范企业可能面临的刑事法律风险，还有助于国家对于企业刑事犯罪的控制，有效降低企业犯罪的社会危害。此外，刑事合规管理工作还能够促进企业在国内外正常经营，同时提升企业的价值和形象。

刑事合规管理工作应包括完善的内部规章制度建设、风险评估和管控机制、培训教育和监督检查等方面。通过建立健全的内部规章制度，明确规定组织和员工的行为标准和责任，建立内部管理制度和流程，确保企业经营活动的合法性和规范性。通过风险评估和管控机制，及时发现和识别企业可能存在的刑事法律风险，采取相应的措施进行防范和应对。通过培训教育和监督检查，加强组织和员工的法律意识和风险防范意识，及时发现和纠正不合规行为，提高刑事合规管理的水平和效果。

(3)"刑事合规"风险防控的最优选择

在当今的商业环境中，企业面临着各种各样的风险和挑战。其中，刑事法律风险是一个备受关注的问题，因为它不仅会导致企业的经济损失，还会危及企业的声誉和信誉。刑事合规是企业刑事法律风险防控的最优选择，为了规避这些风险，越来越多企业开始关注刑事合规管理工作，并将其视为最优选择来防范刑事法律风险。

刑事合规管理工作涵盖了从刑事辩护到刑事风险防范，从个人、高级管理人员刑事法律风险防控到单位或者企业刑事法律风险防控的多维度、多层级发展。而在过去，我国刑事司法体系对于企业犯罪的打击更多地侧重于刑罚威慑，即通过对已经犯罪的人施加刑罚，以预防其再犯，并借助刑罚威慑对潜在的犯罪人起到阻遏犯罪的效果。仅仅依靠刑罚威慑难以实现刑事风险的预防和防范，部分企业仍旧铤而走险、一犯再犯。从国家社会治理的角度来看，事后严惩无论对涉案公司、企业高管、社会而言损失都太大，且通常难以挽回损失。

随着时间的推移，刑事司法理念逐渐转变，特别是对于刑罚的具体作用及其目的已经产生了变化。现在，刑事政策已经从消极预防转为积极的一般预防，刑罚的目的也由"过去转向未来"。在这种背景下，企业开展刑事合规工作可以将积极预防挡在前面，将刑事风险及时扼杀在摇篮之中，用最低的成本避免企业未来可能遭受的灾难性后果。随着司法机关对企业单位犯罪执法力度的加强，越来越多企业开始关注企业的内控机制、欺诈现象泛滥等问题，并且思考公司高管乃至公司自身的刑事责任问题。这也引发了企业内部对于刑事合规管理工作的重视和需求。而刑事合规管理工作，正是企业刑事法律风险防控的最优选择。

企业在进行刑事合规管理时，首先，需要对企业的经营活动进行全面的风险评估，确定企业可能面临的刑事法律风险和隐患。其次，需要制定相应的刑事合规规章制度，明确企业内部管理制度和规范，确保企业员工的行为符合法律法规要求。再次，企业还需要建立完善的风险管理机制，加强内部控制，确保企业行为的合规性。最后，企业还需要对员工进行刑事合规培训，提高员工对于刑事合规的认知和理解，减少企业内部的刑事法律风险。

2.2　企业合规能力提升

企业合规能力提升是企业在法律合规风险管理方面的必然选择，其涉及高管合规管理能力提升和合规组织管理两个方面。其中，高管合规管理能力提升包括加强内控组织领导，落实"人人担责"的内控传导机制，优化管理路径、扎实推进法治建设工作协同机制，优化整改机制及深化高效管控措施等内容。合规组织管理包括建立有效的合规制度、完善合规培训和教育、健全合规风险评估机制、建立合规督导和检查机制，以及完善合规信息管理等内容。通过对这两个方面的不断提升，企业可以有效预防和控制法律风险，维护企业的声誉和利益，实现可持续发展。

2.2.1 高管合规管理能力提升

高管合规管理能力提升是企业合规能力提升中的重要方面。随着社会治理和法治建设的深入发展，企业面临的法律法规和监管越来越严格，合规风险也日益增加。因此，企业需要加强高管的合规管理能力，以确保企业遵守法律法规，保障企业的可持续发展。

（1）加强内控组织领导，发挥企业的引领作用

加强内控组织领导，发挥企业的引领作用是高管合规管理能力提升的重要方面之一。内控是指企业自身建立的一套监督管理制度和流程，以确保企业内部的运作符合法律法规、行业规范和企业自身的规定。企业内控体系的建立和实施需要高管的领导和支持，因为高管是企业内部最高级别的决策者和执行者，对内控工作的推动起到关键作用。

加强内控组织领导，需要高管明确内控体系的战略地位，将其纳入企业整体治理框架，并设立内控领导小组或者内控管理部门等专门机构，统一领导内控建设工作。高管还需要为内控体系提供足够的人力、物力、财力等资源，并明确内控责任，将内控工作列入企业绩效考核指标。同时，高管还需要加强对内控体系的监督和检查，确保内控机制有效运行并及时发现和纠正问题。

发挥企业的引领作用，意味着企业应该成为行业内合规建设的模范和引领者。高管需要引领企业员工树立合规意识，通过定期内控培训、组织内部宣传等方式，提高员工对内控体系的认识和重视程度，同时也需要关注外部合规发展动态，及时调整和完善企业内控体系，不断提升合规能力和水平。这样，企业就能够更好地适应和应对外部合规风险，树立良好的企业形象，提高市场竞争力，实现可持续发展。

（2）落实"人人担责"的内控传导机制

落实"人人担责"的内控传导机制是企业合规能力提升的关键一环。这一机制主要是要求企业各级岗位和员工都要承担内控合规责任，确保各项内控措施能够有效实施和落地。实现这一目标，需要通过三道防线强化内控合规措施。第一道操作执行防线是将内控措施分解到岗位，形成部门条线，实现责任归属。第二道监督防线是借助内控委和驻行纪检组等，对基层机构突出风险进行汇总分析，指导基层开展内控工作，提升管控效果。第三道评价防线突出审计部门的独立性和专业性，形成震慑效应，为企业内控合规提供有效的监督和评价。只有落实"人人担责"的内控传导机制，才能确保企业的内部合规机制更加完善，进一步提高企业的合规能力。

（3）优化管理路径，扎实推进法治建设工作协同机制

优化管理路径，扎实推进法治建设工作协同机制是高管合规管理能力提升的重要方面之一。企业应该制定明确的法律合规政策和制度，并在组织层面进行宣传和培训，确保全体员工理解并遵守法律法规，以规范企业行为。同时，企业需要建立起健全的法律合规管理机制，各级管理人员要按照职责分工，履行法律合规管理的职责，并定期进行合规性检查和风险评估，确保公司的各项经营活动都符合法律法规要求。

企业需要建立起跨部门、跨业务线的合规管理协同机制，将合规工作纳入企业日常经营管理中。例如，公司可以建立合规工作专班，由专门的合规人员组成，负责收集整理法规、开展培训、制定内控制度和风险管理措施等工作，确保全公司的合规管理工作协同有序推进。通过建立法治建设工作协同机制，企业可以有效提高合规管理效率和水平，降低法律风险，保护企业的合法权益。

（4）优化整改机制，深化高效管控措施

在企业合规能力提升过程中，优化整改机制和深化高效管控措施是非

常重要的一部分。其中，优化整改机制需要建立完善的问题整改长效机制，确保问题得到及时、有效的解决，落实"谁主管的业务，谁负责整改""谁发现的问题，谁负责跟踪督促验证整改""谁牵头配合的检查项目，谁负责统筹督促整改"的原则，形成问题整改管理闭环。

深化高效管控措施需要借助现代科技手段，如大数据和人工智能等，来监测和预警员工的异常行为，及时发现和应对潜在风险。优化整改机制和深化高效管控措施可以加强企业内部风险管理和合规控制能力，减少违规行为和风险事件的发生，提升企业整体竞争力和可持续发展能力。

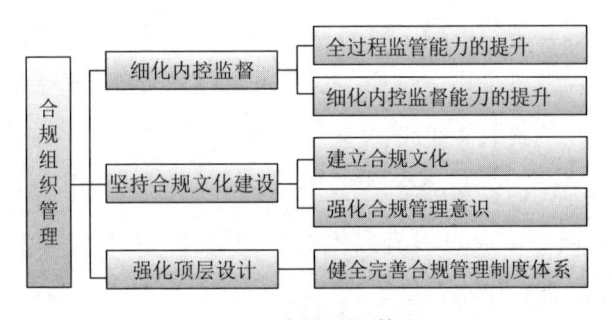

2.2.2 合规组织管理

合规组织管理是企业内部建立合规框架，保证企业在经营活动中遵守法律法规、规章制度和道德规范的管理体系，"细化内控监督，不断提升全过程监管能力"是关键。企业应当从业务流程、风险管理、内部控制等方面建立起全面、完整的内部控制机制，并通过建立内部审计、风险管理和合规监察等机构，实现对企业全过程的监督和管理。通过全面规范化的流程控制，加强风险监测、预警和管控，有效遏制违法违规行为的发生（见图 2-2）。

图 2-2 合规组织管理

（1）细化内控监督，不断提升全过程监管能力

细化内控监督，不断提升全过程监管能力是合规组织管理的重要内容。在内控监督方面，企业应该将内控制度细化到岗位和业务流程层面，明确内控监督的职责和要求，建立起有效的内部监督机制，确保各岗位和部门在执行过程中能够及时发现并纠正风险隐患。在全过程监管方面，企业需要建立全面、多维度的监管体系，将监管范围覆盖到企业的各个业务领域和流程环节，全面监测企业的风险状况，及时掌握风险信息，采取相应的控制措施，防范风险。

第一，全过程监管能力的提升。全过程监管能力的提升也是企业合规管理的重点之一。在这方面，企业需要从事前、事中和事后三个环节进行有效的监管和管理。事前的监管主要包括对业务活动、业务流程和风险等进行评估和预测，以及制定相应的控制措施。事中的监管需要对业务活动进行实时监测和调整，及时发现和处置违规行为。事后的监管则需要对违规行为进行调查和追责，并及时反馈和总结相关信息，从而形成有效的风险防控闭环。

第二，细化内控监督能力的提升。细化内控监督能力的提升需要企业从员工和业务流程两方面出发进行培养和规范。在企业日常工作中，持续加强对员工的意识和能力的培养，积极弘扬合规文化，促进员工形成合规意识，不断推进培训和教育，提升员工的合规知识和能力水平。在合规组织管理中，企业需要对内部流程和业务操作进行细致的梳理和规范，以便建立更为有效的内部监管机制。制定清晰的内部流程和规章制度，灵活运用科技手段监测和分析内部业务活动。通过种种措施的实施，企业能够更好地发现潜在的合规风险，防范违规行为的发生。

（2）坚持合规文化建设，强化合规管理意识

在企业中坚持合规文化建设是非常重要的一环。通过文化建设，能

够形成企业员工的良好行为习惯和价值观念，以及对合规管理的认识和理解，从而达到强化合规管理意识的目的。企业可以通过多种方式进行合规文化建设，例如开展合规培训、制定合规守则、建立合规奖惩制度等。在实际工作中，也应该重视员工的合规意识培养，对员工进行合规意识培训，建立合规意识考核机制，以此来提高员工的合规意识和自我约束能力。

除了建立合规文化外，企业还应强化合规管理意识，将合规纳入企业日常管理的重要内容之中。企业可以通过制定相应的规章制度，建立合规管理框架，落实合规管理职责，强化合规管理监督，加强内外部沟通交流等措施实现合规管理意识的强化。此外，企业还可以通过强化管理团队的合规意识培养，培养管理团队的合规管理能力，带动员工的合规管理能力提升，实现企业合规管理水平的整体提升。

（3）强化顶层设计，健全完善合规管理制度体系

强化顶层设计，健全完善合规管理制度体系是企业合规组织管理的重要内容之一。合规管理制度是企业合规管理的基础和保障，制度的健全性和完善性直接影响企业合规管理的有效性和可持续性。企业要加强对合规管理制度的建设和优化，确保制度的科学性、完备性和可操作性。在强化顶层设计方面，企业需要建立健全的合规管理机构，明确合规管理职责、权限、工作程序和工作流程。建立合规管理委员会，由公司高层领导担任主席，各职能部门主管担任成员，协调和推动公司全面合规管理。还应该建立完善的内部控制制度，包括风险管理、信息披露、财务会计、内部审计、合规培训等方面的制度，确保企业各项业务活动的合规性。

在健全完善合规管理制度体系方面，企业需要制定一系列制度、规范、规程和标准，以确保企业各项业务活动符合相关法律法规和规范要求。制度体系应该覆盖企业所有业务领域和管理环节，包括但不限于合同管理、人力资源管理、财务管理、采购管理、市场营销管理等。同时，应

该建立健全的合规管理档案和档案管理制度，保证合规管理工作的记录、归档和查询。强化顶层设计，健全完善合规管理制度体系是企业合规管理的基础，企业应该认真对待，把制度的建设和优化作为一项长期、系统的工程，不断完善和更新，以确保企业合规管理的持续有效性。

2.2.3 合规文化和道德价值观

在当今复杂多变的商业环境中，企业合规文化和道德价值观的建设成为确保企业稳健运营和可持续发展的关键因素。通过明确的合规政策和行为准则，高层领导的承诺示范，培训教育的持续推动，沟通举报机制的建立，奖惩制度的强调，以及审查监督和持续改进的机制，企业能够打造一种积极的合规文化，塑造道德的企业形象。通过制定明确的合规政策和行为准则、高层承诺和领导示范、持续培训和教育、建立沟通渠道和举报机制、强调奖惩制度、审查监督和持续改进，企业能够营造积极的合规氛围，并使合规成为员工行为的内在动力。通过持续改进的机制，企业可以不断提升合规文化和道德价值观的实施效果，确保企业的可持续发展和良好的社会声誉。

（1）制定明确的合规政策和行为准则

企业应制定明确的合规政策和行为准则，确保员工了解和遵守合规要求。这些准则应包含行业法规、法律要求和道德标准，并明确禁止任何违反合规的行为。通过清晰、简明的文档，将合规要求和期望传达给每个员工，确保他们明确应遵守的规范。

（2）高层承诺和领导示范

高层管理层应树立合规文化的榜样，通过自身言行诠释道德价值观。他们应向员工明确传达合规的重要性，并承诺致力于诚信、透明和遵守法律的行为。这种高层领导示范将成为员工行为的引导和激励，树立合规的核心价值观。

（3）持续的培训和教育

企业应定期提供合规培训和教育，确保员工了解企业的合规政策和法律要求。培训内容应涵盖法律法规知识、道德价值观、合规风险识别和应对等方面。通过实际案例分享和讨论，帮助员工理解合规决策的复杂性和重要性。培训应定期更新，以适应法规和行业环境的变化。

（4）建立沟通渠道和举报机制

企业应建立畅通的沟通渠道，鼓励员工提出合规问题和疑虑。通过建立匿名举报渠道，确保员工可以安全地举报违规行为，而不用担心报复。举报机制应确保及时处理举报事件，并对举报者提供保护。通过定期沟通、反馈和回应员工的关切，加强与员工的互动，增强合规文化的可信度和有效性。

（5）强调奖惩制度

企业应建立健全的奖惩制度，明确奖励遵守合规规定和展示良好道德行为的员工，同时对违反合规的行为进行纪律处分。奖励可以包括表彰、晋升、奖金等，以激励员工自觉遵守合规要求，并传达公司对合规的坚定承诺。对违规行为的纪律处分应公正、严明，以起到警示作用。

（6）审查监督和持续改进

企业应定期进行合规审查和监督，确保合规政策得到有效执行和遵守。审查过程应包括合规风险评估、内部控制检查、合规报告审查等，以发现潜在的合规问题并及时采取纠正措施。企业应建立持续改进的机制，通过员工反馈、定期评估和管理层审查，不断提高合规文化和道德价值观的实施效果。

2.2.4 风险评估和管理

构建有效的风险评估和管理体系对于企业合规至关重要。通过全面的风险识别和评估，制定科学的风险管理措施，并得到组织和文化的支持，企业可以更好地应对风险挑战，保障企业的稳健发展和可持续竞争力。企业应积极采取措施，建设健全的风险评估和管理体系，并将其融入企业的战略规划和日常运营中。

> **专栏 2-2**
>
> ### 爱奇艺：注重知识产权合规

爱奇艺是中国领先的在线视频平台，成立于 2010 年。它提供广泛的影视内容，包括电影、电视剧、综艺节目、动漫、纪录片等。同时，爱奇艺还拥有自己的原创内容和热门节目。爱奇艺致力于为用户提供高质量的视频服务，通过技术创新和内容合作，不断提升用户体验。它提供多种观看方式，包括网页、移动应用和智能电视等，以满足用户在不同设备上的观看需求。而且爱奇艺还积极探索新的业务领域，如在线教育、电商和游戏等。它通过与合作伙伴合作，为用户提供更多元化的服务。2022 年，在全国首例算法推荐案"爱奇艺诉今日头条侵权案"中，爱奇艺取得胜诉获百万赔偿，也警醒了业界尊重知识产权、预防和制止侵权行为。2023 年，爱奇艺又卷入限制投屏被起诉案的风波之中，人们更深刻地意识到了平台方有责任守护消费者的信赖。

一、获 ISO 27701 权威认证

爱奇艺通过国际权威认证机构 DNV GL 审核，获得了 ISO/IEC 27701:2019（以下简称 ISO 27701）认证，成为国内视频行业中首批获得认证的平台。这是继 ISO 27001、ISO 29151、PCI DSS 之后，爱奇艺在隐私与信息安全领域获得的又一项国际权威安全认证。获得 ISO 27701 认证意味着爱奇艺的隐私保护和信息安全能力已达到国际标准，对爱奇艺全球业务的隐私和信息安全体系建设具有里程碑意义。这些认证覆盖了公司多个产品和服务领域，包括视频服务、会员系统、支付中心等，确保了用户的支付与信息安全。

爱奇艺积极参与行业交流和国家安全技术标准的制定任务，负责国家标准《信息安全技术 网络音视频服务数据安全要求》草案编制工作，参与了国家标准 GB/T 35273-2020《信息安全技术 个人信息安全规范》试点及团体标准《数据安全治理能力评估方法》的编制工作。这表明公司致力于不断提升整体安全防护能力，同时也在为行业提供支持和赋能。

二、知识产权合规保护极为重要

在著作权方面，爱奇艺作为综合视频平台，拥有海量作品的版权。品牌及 IP 保护是爱奇艺法律部的重要工作之一，每一个项目自立项起，都需要他们对重点 IP 及产品进行商标保护的布局，同时建立商标监测及维权机制。据悉，截至目前，爱奇艺已向全球 16 个国家及地区申请注册商标，布局覆盖亚洲、欧洲、北美洲等地。在专利保护方面，爱奇艺在全球专利申请数量达 6000 余件，授权数量达 3600 余件。爱奇艺会员付费的内容非常广泛，自制综艺、动漫、网剧都在发展，因此，爱奇艺内部法律相关部门对版权相当重视，投入重资。企业法务团队一直坚定地维护公司的法律权益。

三、结论与启示

爱奇艺在企业知识产权合规方面表现出了高度的关注和承诺。通过多重措施，包括获得国际商标和专利，建立维权机制，以及法务团队的积极参与，爱奇艺确保了其在知识产权保护方面的领先地位。这为公司的可持续发展和国际竞争力提供了坚实的基础。

从爱奇艺对知识产权合规方面的建设中，我们可以汲取经验，并总结出以下几点启示。

第一，知识产权合规。爱奇艺的经验表明，无论企业规模如何，知识产权合规都是至关重要的。保护知识产权不仅涉及法律合规，还关乎品牌声誉和创新能力。

第二，全球化视野与战略。爱奇艺通过向全球多个国家和地区申请商标注册，实现了全球布局。这提示其他企业，特别是面向国际市场的企业，应考虑知识产权保护的全球化策略，以应对跨国经营的挑战。

第三，法务团队的关键作用。企业法务团队在知识产权合规中发挥着关键作用。他们不仅负责法律合规，还应积极参与知识产权的保护和维权。企业应为法务团队提供培训和资源，以确保法律事务得到妥善处理。

（资料来源：由多方资料整理而成）

（1）风险识别和评估

根据企业的业务特点和行业要求，制定一套全面的风险分类体系，包括法律风险、合规风险、市场风险、运营风险等，以确保对各类风险进行全面的评估。收集与各类风险相关的数据和信息，包括行业报告、市场趋势、法规法律文件、历史案例等。同时，通过内部调研和沟通，了解员工和利益相关者对风险的看法和经验。对每个风险进行评估，确定其对企业的严重性和可能性。可以采用定性和定量的方法，如风险矩阵、统计分析和专家评估等，以便更准确地评估风险的影响程度和概率。根据风险的严重性和可能性，将风险按照优先级进行排序，以确定重点关注的风险，并制定相应的管理策略和措施。

（2）风险管理措施

采取预防措施来降低潜在风险的发生概率，例如建立明确的政策和准则、制定内部控制制度、进行员工培训等，以增强员工的合规意识和风险意识。制定应对措施来应对已经发生或无法完全避免的风险，例如建立应急响应机制、制订灾难恢复计划、建立危机管理团队等，以最小化风险事件对企业造成的损失。建立有效的监测机制，跟踪风险的发生和演变，及时调整和改进风险管理措施。通过内部审计、风险报告、关键绩效指标等工具，实时监控和评估风险的状况。对于无法自行承担的风险，考虑采取风险传递和转移的方式，例如购买保险、签订合同条款、建立合作伙伴关系等，以减轻企业面临的风险压力。

（3）组织和文化支持

建立明确的风险管理分工和责任体系，明确各级部门和个人在风险管理中的职责和权限，确保风险管理的有效执行。提供必要的培训和教育，加强员工的风险意识和管理能力。培训内容可以包括风险识别方法、应对策略、合规要求等，以提高员工在风险管理中的参与度和贡献度。建立有效的沟通渠道，鼓励员工积极参与风险管理过程。接受员工的反馈和建议，倾听他们的观点和意见，以不断改进风险管理措施。

2.3　内部控制

在我国内部控制规范体系中，内部控制建设目标可以归纳为：战略目标、经营目标、合规目标、资产安全目标和财务报告目标。《企业内部控制基本规范》对企业的内部控制做出定义，即"由企业董事会、监事会、经理层和全体员工实施的，旨在实现控制目标的过程"。企业在确定职权和岗位分工过程中，应当体现不相容职务相互分离的要求。不相容职务通常包括：可行性研究与决策审批；决策审批与执行；执行与监督检查等。一个科学、明晰的内部控制组织体系，需要分解为包括董事会、审计委员会、管理层、内控委员会、内控管理部门、其他职能部门及各业务单位在内的职责分工。企业内部控制体系说白了就是企业的一套规则体系，从审批、授权、关键节点设置，到自我评价、检查监督，再把这套规则与公司的流程相结合。企业应该建立并实施一套行之有效的内控体系制度。

2.3.1 建立企业合规体系

企业建立内控体系必须遵循"目标→风险→控制→监控"这个流程。合规是企业内部控制的目标之一，合规管理作为企业的一种风险管理活动，同样需要遵循这个流程（见图2-3）。

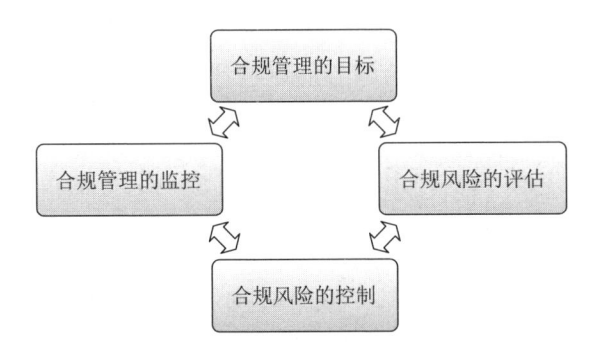

图 2-3　企业建立合规管理的流程

（1）合规管理的目标——履行合规义务

合规义务是合规管理中的"标尺"。基于合规义务这个"标尺"，企业才能构建合规管理体系，实施合规管理的PDCA（计划、执行、检查、行动）循环并周而复始地进行。合规义务包括合规要求（组织有义务遵守的要求）和合规承诺（组织选择遵守的要求）。企业的合规义务与企业业务范围、市场范围紧密相关，不同行业的企业具有不同的合规义务，跨国公司、国际化经营的企业比单纯国内经营的企业要履行更多的合规义务，比如东道国的法律法规、国际条约（协定）、国际规则、国际标准等。

合规义务的识别应当由企业合规部门、法务部门、业务部门共同负责，定期实施，及时归纳出企业可能面临的所有合规义务，并形成《合规义务清单》文件。企业建立好合规义务信息沟通渠道，制定适当的流程来识别新的和变更的法律、法规、规则，以及其他的合规义务，以确保企业持续合规。为了获得合规义务来源变化信息，企业可采取以下措施：跟踪监管部门的网站动态，与监管部门定期会面；与企业法律顾问适时交流；成为相关专业组织的会员，参加行业论坛和研讨会；订阅相关信息服务。

（2）合规风险的评估

风险评估作为内部控制五要素之一，其是指企业及时识别、系统分析经营活动中与实现内部控制目标相关的风险，合理确定风险应对策略。合规风险评估是指以合规目标为核心的风险评估活动，是合规风险的识别、分析、评价和应对的过程。

第一，合规风险识别。企业应当根据《合规义务清单》，定期识别合规风险，形成《合规风险清单》。合规风险的识别方法可以是多种多样的，比如，基于企业过往经验、基于行业案例、基于专家知识、基于归纳推理、基于头脑风暴等方式。识别合规风险的效果一般与以下两方面密切相关：一是对合规义务的熟悉程度，即对法律、法规及企业所签合同和所做承诺的熟悉程度；二是对企业经营管理行为的熟悉程度，即对企业的各项业务活动、流程、制度、组织结构、岗位职责，乃至战略的熟悉程度。

第二，合规风险分析。合规风险分析是在合规义务及其相关风险识别的基础上，考虑不合规发生的原因，对风险发生的后果和可能性等进行综合分析。合规风险分析是要增进对合规风险的了解，为风险评价和应对提供支持。用于合规风险分析的方法，可以是定性的，也可以是定量的，甚至可以是两者的组合。

后果分析是假设特定事件或情况已经出现，确定风险影响的性质和类型。后果分析形式可以灵活一些，可以是描述型的（比如分为严重、一般、不重要三个档位），也可以是详细的数量模型。后果分析要考虑到以下因素：将风险后果与合规义务联系起来；对马上出现的后果与潜在后果两种情况同等重视；不能忽视次要后果。

可能性分析的方法也有三种，可单独使用或联合使用。一是利用相关历史数据类推未来发生的可能性。二是利用故障树或事件树等预测可能性。三是结构化地利用专家的观点来估计可能性。对于可能性，可用定性的方法来描述，如极高、高、中等、低、极低；也可采取量化的数值来表述，如发生概率从 0 到 100%。

第三，合规风险评价。合规风险评价是将风险分析的结果与企业的风险容忍度相比较，或者在各种风险分析结果之间进行比较，以确定风险的等级，并进行风险排序。常见的评价是依照企业的风险容忍度，将风险分为三个区域。一是不可接受区域，在该区域内，无论相关活动可带来什么收益，风险等级都是无法承受的，企业应不惜一切代价保证履行合规义务。二是中间区域，对该区域内风险的应对要考虑应对措施的成本收益，并衡量机遇和潜在后果。三是广泛可接受区域，该区域的风险很小，无须采取任何应对措施。风险评价应满足风险应对的需要，否则应做进一步的风险分析。

第四，合规风险应对。合规风险应对是利用风险分析和评价过程中获得的对合规风险的认识，对企业未来的合规风险管理活动进行决策。决策时应考虑的内容通常包括：某个风险是否需要应对；采取何种措施应对；风险应对的优先顺序。风险应对决策要参考法律、财务、道德等因素。企业在应对合规风险时，对于合规要求产生的风险，企业的应对空间相对有限一些；对于合规承诺产生的风险，企业的应对空间要大一些，企业可以本着经济适宜的原则来选择确定自己的合规承诺，比如企业向客户承诺"假一赔十"，这样的承诺必须说到做到，否则就不要向客户承诺。

合规风险评估工作的最终结果是形成一份全面的《合规风险评估报告》，报告可分为定期评估报告、专项评估报告。合规风险评估报告的内容应包括合规风险评估实施概况、存在的合规风险、合规风险基本评价、风险原因及可能后果，处置建议和应对措施等。

（3）合规风险的控制

控制活动作为内部控制五要素之一，是指通过政策和程序所确立的行动，旨在保证管理层关于降低影响目标实现的风险的方针和风险应对措施已经落实。在识别和评估合规风险之后，企业接下来就应当执行风险应对措施，实施控制活动。为了实施合规管理，企业需要设立相关管理机构，制定管理制度和流程，建立实施机制，然后运行合规管理的PDCA循环并不断改进。

第一，企业应当建立合规管理的组织架构。明晰各个机构和岗位的合规管理职责分工和管理权限。相关组织架构通常包括治理层的董事会及其审计委员会、监事会；管理层的一把手（总经理、CEO）、首席合规官（或风险总监等）、合规委员会；执行层的日常工作机构，如合规管理部、法务部或内控部、内部审计部等；操作层的业务部门、其他职能部门，以及企业全体员工（全员合规）。

第二，制定合规管理制度和工作流程。一般包括企业行为准则中的合规条款、合规管理办法、合规管理流程、合规管理工作表单、合规管理手册、重要业务的合规管理指引等。合规管理制度要与企业的日常经营管理活动相结合，合规管理流程要与业务流程相融合，运行高效且务求实效。

第三，建立健全合规管理的实施机制。包括但不限于宣贯机制、培训学习机制、合法合规性审查机制、风险报告机制、重大风险预警机制、应急预案及应急处置机制等。

第四，运行合规管理PDCA循环并持续改善。企业在实施合规管理的过程中，应参照风险管理三道防线建立合规管理的"三道防线"。其中，业务部门是本领域合规管理责任主体，负责日常相关工作，履行"第一道防线"职责；合规管理部门组织开展合规管理的日常工作，履行"第二道防线"职责；纪检监察机构和审计部门在职权范围内履行"第三道防线"职责。

企业在实施合规管理的过程中，应当重视及时处理不合规行为，实施合规管理绩效评价，以及对合规管理体系的持续改进。员工违规行为一旦证实，企业必须立即处理。处理员工违规行为的方式反映了企业是否严肃对待合规，是验证企业合规管理体系是否落地的最佳方式。绩效评价是对合规管理体系建立并运行后的绩效、体系的有效性评价，对于查找可能存在的问题、后续改进合规管理体系等具有重要意义。改进是对合规管理体系运行中发生的不合格或不合规情况做出反应，评价是否需要采取措施，消除不合格或不合规的根本原因，以避免再次发生或在其他地方发生，并持续改进，以确保合规管理体系的动态持续有效，提升企业的合规管理水平。

（4）合规管理的监控

企业对于合规管理的监控包括合规管理部门的日常合规评价、纪检监察或内部审计部门的定期评价或者专项评价。企业要建立健全的合规举报制度，设立违规举报平台，公布举报电话、邮箱和信箱，并对合规举报建立调查机制。对于通过监控活动或者合规举报发现的违规行为，企业应当建立完善的违规行为追责问责机制，明确违规责任范围，细化惩处标准，针对反映的问题和线索，及时开展调查，按照有关规定严肃追究违规人员责任。同时，企业要完善绩效管理机制，将合规管理情况和违规行为纳入绩效考核体系中，并强化考核结果运用，将合规职责履行情况作为员工考核、干部任用、评优评先等工作的重要依据。

2.3.2 企业资产管理合规

企业资产管理合规是企业管理中不可忽视的重要方面。为确保企业的资产得到合理的保护和利用，必须明确组织职责分工，构建完善的合规体系。企业应该将资产管理合规纳入组织的整体规划中，针对不同类型的资产制定专门的合规政策和程序，并通过培训和宣传等手段强化员工的合规意识。重点关注资产管理合规的关键领域，如信息安全、财务会计、税法等，采取有效的措施来降低相关的法律风险。健全的监督与问责机制对违反合规的行为进行查处和整改，确保合规政策和程序的有效实施。通过这些措施的落实，企业可以构建良好的合规文化，保护企业的资产，提高企业的效率和竞争力。

（1）明确组织职责分工

在企业资产管理合规中，明确组织职责分工是非常关键的一步，它涉及企业内部各职能部门的职责划分，以及合规管理的责任和权利。企业需要对各个职能部门进行明确的划分，如设立资产管理部门、财务部门、信息安全管理部门等，让各部门有明确的资产管理职责和权限。资产管理部门是企业资产管理合规的核心部门，它负责制定和实施相关的资产管理政策和程序，对企业的资产进行管理和监督。财务部门则需要遵守相关的会计准则和税法规定，保证资产的财务管理合规。信息安全管理部门需要制定和实施信息安全管理规范，确保企业的数字资产得到合理的保护和利用。

除了职责的明确分工，企业还需要确保各部门之间的有效沟通和协作，以达到资产管理合规的整体目标。此外，企业还需要建立健全的内部审计和监控机制，对企业资产的管理和使用情况进行监督和评估，及时发现和解决问题，保证企业的资产管理合规。明确组织职责分工是企业资产管理合规的重要基础，只有在此基础上建立起完善的合规管理体系和监督机制，才能实现企业资产管理合规的目标。

（2）构建合规体系，突出资产管理合规的重点领域

当企业构建资产管理合规体系时，需要明确资产管理合规的标准和要

求,并为资产管理中的重点领域制定具体的规定,如信息安全、知识产权、财务会计、税务等。这些规定可以通过制定全面的合规政策实现。同时,企业还需要针对不同类型的资产,突出其管理中的关键领域,并针对不同领域制定不同的合规措施,建立相应的合规制度和流程,明确资产管理合规的流程和步骤,并强化各个环节的监督和审核,以规范和保障资产管理合规的有效性。此外,企业还应加强内部控制,建立全面的内部控制机制,规范资产管理合规的各个环节,确保内部控制的有效性。为突出资产管理合规的重点领域,企业可以采取以下措施,如图2-4所示。

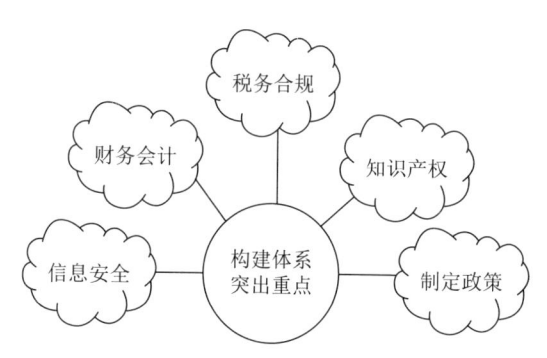

图 2-4　构建合规体系、突出资产管理合规的重点领域的措施

第一,信息安全。对于信息安全领域,企业需要建立全面的信息安全管理制度,包括信息安全政策、标准、规程和技术规范等,并确保这些制度与政策得到全员的遵守和执行。此外,企业还需要采用先进的信息安全技术和工具,确保信息资产的安全,包括网络安全、数据加密、防病毒、访问控制等方面。

第二,财务会计。在财务会计方面,企业应该建立健全的财务管理制度和规章制度,确保财务报告的真实性、准确性和完整性。同时,企业还应该根据相关法规和规定制定会计准则和标准,规范财务报告的编制、审核、公示和披露等方面,同时加强对财务风险的管控,确保企业财务的合规性。

第三,税务合规。税务合规涉及企业应缴纳的各类税费,包括企业所得税、增值税、印花税、个人所得税等。构建合规体系的目的是确保企业在税务、财务、人力资源等方面遵守相关法规和规定，同时有效管理企业各项资产。企业应该根据相关法规和规定制定合规管理制度和规章制度，确保企业纳税的合规性和准确性。同时，企业应该建立健全的财务报告制度，确保税务报表的真实性、准确性和完整性。此外，企业还应该建立健全的税务风险管理制度，对潜在的税务风险进行识别、评估和控制。

第四，知识产权。知识产权在企业资产管理合规中是一个非常重要的方面，因为它是企业重要的无形资产之一。如果企业没有有效地保护知识产权，就有可能遭受知识产权侵权的风险，从而导致企业在市场上的竞争力受损。因此，构建合规体系时，应该将知识产权保护作为一个重点领域来突出。

首先，企业应该建立完善的知识产权保护制度，包括制定保密协议，签署知识产权许可协议，进行专利、商标和著作权的注册和维护等。其次，企业应该加强对员工知识产权保护的教育和培训，让员工意识到知识产权的重要性，并将知识产权保护纳入企业文化中。最后，企业应该加强对外部合作伙伴的知识产权保护要求，并在合同中约定相关的保密和知识产权保护条款。这可以有效地保护企业的知识产权不受他人侵害，保障企业的利益和发展。

第五，制定政策。制定全面的合规政策是构建合规体系的关键环节之一，而资产管理合规是其中一个重要的领域。只有制定了全面的合规政策，才能更好地管理企业的各项活动，规范企业的行为，防范合规风险。

以下是制定全面的合规政策与资产管理合规之间的联系：

首先，制定全面的合规政策可以帮助企业建立起符合法律法规和行业规范的资产管理制度和流程。这些制度和流程可以规范企业的资产管理行为，确保其合规。其次，全面的合规政策应该包括资产管理合规的要求和标准，明确企业在资产管理方面需要遵守的法律法规和行业规范。这可以帮助企业在资产管理方面遵守相关法律法规，规避合规风险。再次，制定全面的合规政策可以促进企业的内部合规文化建设，让员工养成遵守法律法规和行业规范的意识和习惯，从而形成一个更加稳健、健康的企业文化。最后，全面的合规政策应该建立健全的监督和问责机制，对于资产管理合规方面的问题进行及时发现和纠正。这可以让企业的资产管理行为得到更好规范，保证企业的资产管理活动符合法律法规和行业规范。

（3）合规文化的建设

合规文化是指企业建立和弘扬的一种合规意识和行为规范，是企业合规体系建设的基础和保障。在构建合规体系、突出资产管理合规的重点领域时，合规文化的建设起着至关重要的作用。

第一，合规文化的建设可以提高企业员工的合规意识。通过对员工进行合规培训和教育，其深刻认识到合规的重要性和必要性，增强遵守法律法规和企业内部规章制度的自觉性和责任感，有效避免员工违规行为的发生。

第二，合规文化的建设可以规范企业的行为规范。建立和强化合规文化，可以形成一种行为规范，要求企业在资产管理合规的重点领域中遵守法律法规和内部规章制度，保证合规经营和合规管理。

第三，合规文化的建设还可以提升企业的信誉度和竞争力。企业通过建立合规文化，可以树立诚信经营的形象，增强消费者和投资者对企业的信任，进而提升企业的竞争力和市场份额。

第四，合规文化的建设也有助于加强企业内部的监督和问责机制。企业通过建立合规文化，可以强化内部的监督和问责机制，对违规行为进行及时处理和纠正，形成健康的内部管理机制，进一步提高企业的合规水平和内部管理效率。

（4）查改并举，强化监督与问责机制

查改并举、强化监督与问责机制可以提升企业的合规水平和信誉度。企业通过严格遵守法律法规和内部规章制度，自觉落实内部监督与问责机制，有效防范合规风险，提高合规水平和信誉度，增强消费者和投资者对企业的信任，提升企业的竞争力和市场份额。

专栏 2-3

均胜电子：财务合规治理

宁波均胜电子股份有限公司（以下简称均胜电子）成立于2004年，以汽车功能件等零部件业务起步，企业目前跻身零部件龙头行列。均胜电子提供广泛的产品线，包括电感器、电容器、连接器、继电器、开关等。公司致力于为全球客户提供高质量、具有可靠性和创新性的电子元器件解决方案。均胜电子拥有先进的生产设备和严格的质量控制体系，以确保产品的一致性和可靠性。公司注重技术创新和研发投入，不断推出符合市场需求的新产品。均胜电子的产品广泛应用于汽车、工业控制、通信设备、消费电子等领域。均胜电子制定了全球财务四步走的战略目标，即规范化、数字化、一体化和精细化。

一、财务制度和内控制度的规范化

均胜电子已经对财务制度和内控制度进行了规范化处理。其财务团队根据最新的《中国企业会计准则》要求，制定了《均胜中英双语全球财务规章制度》。为了确保这些财务制度在全球范围内得以有效执行，公司定期召开季度财务工作会议，并聘请第三方专家对公司的财务高管和财务工作人员进行培训，以帮助各国的财务人员理解最新的《中国企业会计准则》要求。

公司还依据《企业内部控制基本规范》的指导原则，在已有的内部控制制度基础上进行了优化，特别关注了业务流程和关键控制环节，以提升公司的内部控制管理水平。此外，公司还发布了《均胜电子内控自评实施指引》，用以规范各事业部的测试标准、对总部的汇报时间点及报告格式等方面的要求，并对事业部的测试结果进行多轮复核，以确保其质量。如今，公司已经成功将内控意识、内控机制和内控能力融入各个业务板块，形成了以"流程责任和组织责任"为基础的全球内控管理体系。

公司还制定了一系列规章制度，包括《反舞弊管理制度》《信息披露事务管理制度》《重大信息内部报告制度》《内幕信息知情人登记管理制度》《年报信息披露重大差错责任追究制度》《外部信息使用人管理制度》等。这些规章制度的制定旨在强化公司员工的信息披露意识，以防止信息披露违规事件的发生。

二、战略目标制定解决财务合规问题

均胜电子采取了一系列措施，包括建设全球财务报告系统、实施全球SAP（企业资源管理软件）系统项目和筹划财务共享中心，以确保公司在财务和业务一体化、精细化方面合规运营，同时提高财务信息的准确性和及时性，以支持管理层的决策、促进业务的发展。这些举措有助于提高企业的合规性水平。

第一，全球财务报告系统建设。在2017年，均胜电子展开了全球统一的海波龙全财务报告系统建设工作。这项举措有助于确保公司能够快速、系统地收集和合并全球的财务信息。这意味着公司采取了一种全球标准的方法，以满足财务报告的合规要求。

第二，全球SAP系统实施项目。在2018年9月，均胜汽车安全事业部启动了全球SAP系统实施项目。这个项目的目标是对全球的业务流程进行优化和改革，以确保准确的财务信息能够迅速传达到组织的各个运营环节。这有助于加强合规性，使管理层能够及时做出决策，促进各项业务的发展。

第三，财务共享中心的筹划。公司积极筹划建设财务共享中心，该中心将集成核算数据、预算数据、资金数据、资产数据、成本数据、外部标杆数据等与高层管理和决策相关的信息。这将成为集团未来决策的关键数据支持平台，有助于确保合规性，为管理会计应用提供重要基础。

三、结论与启示

均胜电子积极致力于确保全球财务合规性，采取了建设全球财务报告系统、实施SAP系统项目和筹划财务共享中心等一系列举措。这表明公司重视财务合规性，并在全球范围内采取行动来确保其财务运营符合相关法规和标准。从中我们可以得到以下启示。

第一，全球化企业需要关注合规性。对于在全球范围内经营的企业来说，合规性是至关重要的。公司应该密切关注各国家和地区的法规要求，并采取适当的措施来确保财务和业务运营的合规性。

第二，技术和信息系统的应用。均胜电子的案例显示，适当的技术和信息系统可以支持财务合规性。公司通过建设财务报告系统和SAP系统加强财务信息的管理和传递。其他企业也可以考虑利用现代技术来提高合规性水平。

第三，财务合规与业务一体化。公司致力于打通业务和财务壁垒，将财务合规性与业务一体化相结合。这种整合可以帮助公司更好地管理风险、提高效率，并为业务决策提供更多支持。

（资料来源：由多方资料整理而成）

2.3.3　企业股权制度合规及股权架构设计

企业股权制度合规及股权架构设计是企业合规的内部控制环节中不可或缺的一部分，股权制度合规及股权架构设计是法律法规要求的。企业在股权运作和管理方面需要遵守相关法律法规，如《公司法》《证券法》《上市公司股权激励管理办法》等，这些法律法规对企业的股权制度和架构进行了规范和要求。

通过建立和完善股权制度，规范股东和管理层的行为，防范和减少内部违规风险，提高企业的运营效率和竞争力。通过建立合理的股权结构，保障股东权益，防止控股股东的权力过度集中，确保企业治理的公平公正和透明度。股权制度合规及股权架构设计对于建立有效的公司治理结构，维护企业稳定发展至关重要。股权制度合规及股权架构设计是对外合作的重要条件。企业的股权架构直接影响企业在外部市场的信誉和形象，合规的股权架构有利于增强企业的信任度和透明度，从而吸引更多的投资和资源。

2.3.4 企业合规管理能力综合提升

企业合规管理能力综合提升是指企业通过加强内部管理、规范行为，完善制度、流程和人员培训等措施，提高企业的合规意识和能力，确保企业在法律法规、规章制度、行业规范等方面的遵守和执行，从而有效防范和控制法律风险，实现企业合规管理能力的综合提升。

企业合规管理能力的综合提升是企业建立良好内部控制和规范管理的重要手段。企业合规管理包括法律合规、财务合规、安全合规等方面，其目的是确保企业在合法合规的前提下稳健运营、保持市场竞争优势。为了提升企业的合规管理能力，企业可以采取以下措施。

（1）制定和实施完善的合规管理制度

制定和实施完善的合规管理制度，制度应覆盖企业各个方面的合规要求，包括但不限于法律、财务、税务、环保、安全等，同时还应该将制度落实到位，确保员工的遵守和执行。企业应当制定完善的合规制度和规章制度，并建立健全的内部合规管理体系，以保障企业的合规经营。

（2）加强内部控制建设

为了加强内部控制建设，企业应根据自身特点和需求，完善内部控制体系，建立有效的风险识别、评估、管理和防范机制，确保内部运营的合法性和规范性。企业应当加强合规团队的建设，拥有一支专业的合规团队，提高合规管理的专业化水平。

（3）持续加强员工培训和意识教育

持续加强员工培训和意识教育，企业应加强员工对合规管理的培训和意识教育，使其掌握合规知识和技能，认识合规意义和价值，养成遵纪守法的良好习惯。企业应当加强对员工的合规培训和宣传教育，提高员工的合规意识和合规管理能力，从而减少违规行为的发生。

（4）建立健全的合规风险监测和反馈机制

企业应加强对合规风险的监测和识别，及时发现和解决问题，同时还应建立健全的内部举报和反馈机制，鼓励员工主动举报违规行为，确保企业合规管理水平的不断提升。同时，企业应当建立完善的风险管理机制，对可能导致违规行为的风险进行识别、评估和管控，从而降低企业的违规风险。

2.3.5 企业合同合规审查及合同风险管理

企业合同合规审查及合同风险管理是现代企业运营中的重要组成部分。在合同审查中，需要遵循基本原则，包括合法有效原则、公平与利益兼顾原则、具体明确原则，以及促成交易和风险控制兼顾原则。在合同编写中，需要完善格式条款制度并明确出未履行批准手续合同的效力。合同风险管理也是企业合同管理的重要方面。在合同签订前，应该进行风险防范，避免合同风险的产生。在企业合同管理中，需要做好合规工作，确保合同的合法性和有效性。注意常见的合同管理不合规现象，例如未经充分审查即签订合同、违反法律法规签订合同等。有效的企业合同合规审查及合同风险管理对企业的长期发展具有重要意义。通过加强合同审查、编写和风险管理，企业可以降低合同风险和争议，保护自身合法权益，提高企业形象和信誉度。

> **专栏 2-4**

新浪集团：数据合规注重隐私保护

新浪集团是中国的一家互联网公司，成立于1998年，总部位于北京。它是中国最大的门户网站之一，提供新闻、娱乐、体育、财经等各种信息服务。新浪集团旗下还拥有新浪邮箱、新浪微博、新浪博客等产品。在当今数字化时代，用户数据的隐私保护和数据合规已经成为企业不可或缺的责任。新浪集团深刻理解这一点，积极适应《中华人民共和国网络安全法》等法规要求，不断优化其隐私政策，以提供更全面的用户数据保护和透明度。

一、数据合规注重隐私保护

新浪集团的隐私政策调整遵循了一个重要原则，即为了充分考虑用户的需求，实施了增强性告知。这意味着用户在与新浪平台互动的过程中，需要清晰地同意或授权，以确保他们的个人信息受到妥善处理。首先，新浪集团提供全面综述的隐私政策，然后在需要使用个人信息时再次征得用户的明确授权确认。这种分阶段的授权方式，确保用户在数据使用中拥有更多的选择和控制权。在履行告知义务和告知频率问题上，新浪集团尊重用户的选择权利。一般性的条款变动可能需要用户直接授权，但对于重大条款的修订，平台会全面告知用户，以确保用户充分了解并同意任何重要的变更。

新浪集团通过不断的提示和增强性告知，积极履行了向用户提供全面准确通知的义务。隐私政策通常作为用户协议的一部分，在收集个人敏感信息时，用户会受到明确的提示，询问是否授权服务商收集。此外，新浪集团区分了核心功能和附属功能,以更好地满足用户需求。例如,在使用打车软件时,用户允许司机收集实时位置信息,以确保准确的接送,但如果用户只是想了解附近的餐馆,平台会征得用户的饮食偏好信息授权。即使用户没有提供饮食偏好信息,打车软件仍能满足用户的核心需求。新浪集团也赋予用户对个人信息的支配权利,包括删除、撤回或修改个人信息的权利。这种用户权利的存在,确保用户可以有效管理其个人数据,增强了数据合规和隐私保护的可信度。

二、新浪集团法务部监管企业合规

新浪集团是国内互联网行业的领先企业,20余年间,新浪集团作为中国互联网公司的一面旗帜,几乎经历了中国互联网行业的所有变化。新浪集团法务部的组织架构发展成包括投资、诉讼、知识产权、政府关系、合同、微博在内的六大业务板块体系化管理部门。新浪集团法务部需要具体负责新浪集团的收购兼并、投资、上市、诉讼、纠纷、知识产权、合同审核、地方站管理、公司牌照资质、互联网金融、政府关系、政策研究等全部法律工作,具体工作场景包括平台协议审查、商业契约审查、企业运营日常合规、执法调查应对、跨境贸易合规和投资并购合规。

三、结论与启示

新浪集团法务部作为企业合规和法律事务的重要管理机构,其多元化的组织架构和广泛的职责确保了企业能够有效管理法律风险、合规运营。从中我们可以获得以下启示。

第一,用户隐私保护至关重要。随着数据的重要性不断增加,保护用户隐私是企业应优先考虑的任务。增强性告知和用户授权是建立用户信任的关键。其他企业可以从新浪集团的经验中学习,将隐私保护融入其业务模式中。

第二,多元化专业团队和全面性管理。法务部门应建立多元化的专业团队，以应对各种法律挑战。全面性的管理结构有助于确保法律事务得到全面处理，降低潜在的法律风险。

第三，合规是持续的工作。企业需要持续关注法律法规的变化，确保合规运营。不仅要关注核心业务领域，还需要注意涉及合同、知识产权等方面的合规要求，以适应不断变化的法律环境。

（资料来源：由多方资料整理而成）

（1）合同审查

合同审查是指对企业与其他各方签订的合同进行全面、严格、细致的审核和审批，以确保合同的合法有效性和合规性，同时识别和降低潜在的合同风险。在进行合同审查时，需要遵循基本原则，包括合法有效原则、公平与利益兼顾原则、具体明确原则，以及促成交易和风险控制兼顾原则。

合法有效原则是合同审查的基本原则之一。合同必须符合国家法律、法规和政策的要求，否则就无法生效。公平与利益兼顾原则是合同审查的另一个重要原则。在签订合同时，需要注意各方的权益，避免出现一方占尽优势的情况。具体明确原则要求合同中的各项条款必须具体明确，避免使用过于笼统的用语和术语。促成交易和风险控制兼顾原则要求合同既要促进交易的顺利进行，又要考虑风险的控制和规避。

在合同编写方面，企业需要完善格式条款制度，确保合同的格式条款符合相关法律法规的要求。同时需要明确未履行批准手续合同的效力，避免因为合同签订时未获得必要批准而导致合同无效的情况发生。合同审查和合同编写要求是企业合同合规审查及合同风险管理中的重要环节，需要遵守一系列的原则和要求，以确保合同的合法有效性和合规性，降低潜在的合同风险，保护企业的合法权益和稳健发展。

（2）合同风险管理

合同风险管理是企业必须重视的重要工作之一。降低合同风险，企业需要建立完善的合同管理制度，并加强全流程管控措施。在合同订立阶段，企业应进行充分的背景和资信审查，以避免合同签订后出现不可预测的法律或商业风险。在合同执行阶段，企业需要对合同履行情况进行定期的跟踪和监控，及时发现和应对不利因素。在合同事后处理阶段，企业需要积极采取协商、仲裁或者诉讼等手段，充分保障企业自身的合法权益。此外，企业还应合理设定考核指标，加大依法合规管理考核，完善合同违规行为的责任追究内容与方式，从而全面提高企业的管理水平。通过合同风险管理，企业可以有效降低合同风险。

第一，建立完善的合同管理制度。按照合同管理全周期的要求，在合同管理全过程的每个环节，建立和健全具体的、操作性强的管理制度，使合同管理有章可循。具体有以下几种：一是合同管理基本制度，包括立项、审核、批准、履行等环节的基本制度；二是合同管理其他制度，如合同归口管理制度、合同授权委托制度、合同审查制度、合同会签和审批制度、合同专用章管理制度、合同监督检查制度、合同台账及统计报表制度、合同归档制度等；三是合同重大失误追究制度，问责、容错纠错、追责制度。

第二，加强全流程管控措施。国有企业的合规管理还应将依法合规真正落实到合同管理中，从合同的选商、签订、履行及验收结算等环节进行有效监管，以达到法律风险管控的目的，从而全面提高国有企业的管理水平。

在合同订立阶段，国有企业需要做好相关法律和商业风险的事先防范工作。主要是对合同的相对方进行充分的背景和资信审查，调查的内容主要包括：财务状况、经营状况、高管团队人事状况、员工状况等，有必要的时候可以聘请第三方机构进行专业的调查。同时还可以通过对跟相对方有商业往来的企业进行调查，间接了解相对方的资信情况。除此之外，政府部门也是了解合作企业的一种重要渠道，可以对纳税、经营许可、产权归属等情况进行充分的了解。

在合同执行阶段，需要对合同的履行情况进行定期的跟踪和监控。对于合同履行的不利因素，如对方存在违约的意愿或者履行能力不足等状况应当做到及早发现，并制定相应的策略进行弥补。对于由于我方原因无法履行合同的，应当及早知会相对方，进行合同的变更补充或者终止程序。

在合同事后处理阶段，需要对合同履行过程中的违法现象进行依法处理，积极采取协商、仲裁或者诉讼等手段，充分保障企业自身的合法权益。

第三，合理设定考核指标，加大依法合规管理考核。按照依法合规管理的要求，改进现有考核指标体系，完善合同违规行为的责任追究内容与方式。不仅考核单位领导班子，也要考核其他的业务承办及合同经办人员、管理人员和审核人员。对领导班子重点考核签约及时率指标完成情况，增加其在年度经营承包考核中的权重；对合同审批和经办人员，重点考核合同审批时效和审查质量，保证合同审批效率。同时，对于因不及时发起合同的，严格追究合同主办部门领导的责任；对于延期审查审批、审查把关不严等严重违规的人员，按照相关规定给予经济处罚、行政处分。

第四，常见的合同管理不合规现象。常见的合同管理不合规现象包括合同管理制度不够完善、业务承办部门工作方式还待改进、合同履行过程的监督管理不到位等。

一是合同管理制度不够完善。大部分中国国有企业虽然制定了包括合同管理在内的企业管理制度，但在实际操作中，这些制度大多停留在纸面上，对工作的监督和指导作用有限。在实际工作中，一些国有企业根据自身强势的"甲方"地位要求或前置性审批时间长造成所谓的事后合同。这种做法不仅存在法律风险，而且使企业的管理制度难以落实，一旦出现环保、安全、质量责任事故时，举证困难，往往导致企业担责。另外，为了避免公开招标的门槛限制，一些企业将原本金额较大的一个项目分成几个小标分别签订合同，从而在履行合同的过程中忽略了合同规定，随意要求乙方调整服务内容，导致合同流于形式。

二是业务承办部门工作方式还待改进。在国有企业中，合同的起草和制定通常由具体的业务部门完成，并提交法务部门备案审核。法务部门或办公室是合同管理的主要部门，负责对企业相关合同的制定和执行进行有效的审核、监督和指导。这种模式下，法务部门或办公室在合同管理中的作用更多的是指导、审核和备案监督。大多数国有企业采用业务部门和法务部门相互配合的合同管理模式。

三是合同履行过程的监督管理不到位。在合同管理的事后处理阶段，如果合同无法执行或一方违约导致纠纷时，通常需要采取继续履行、合同变更或支付违约金等手段进行补救。然而，在实际的合同管理操作中，一些国有企业出于维护合作关系的考虑，对合同纠纷采取放任或拖延的做法，导致自身或对方的合法权益无法得到有效弥补，从而使合同管理成为一种形式主义。

2.4　专项合规管理：财务与税务

财务与税务合规是企业专项合规管理的一个重要方面。财务合规主要是指企业在财务管理方面遵守法律法规和会计准则，保障财务信息真实、准确、完整、及时。税务合规则是指企业在税收方面合法遵守相关税收法规，避免税务风险，维护企业合法权益。合规的实施需要企业建立健全的内部控制制度和合规管理体系，确保企业的财务会计信息真实、准确、完整，并遵守税收法规，合理避税和缴税。企业还需要保持对财务和税务相关政策的敏感性和及时性，持续加强对财务和税务合规风险的识别和评估，并采取相应的风险防范措施。财务与税务合规的内容如图 2-5 所示。

专项合规管理	财务合规	会计准则合规
		资金管理合规
		财务内控合规
		合同合规
		知识产权合规
		审计合规
	税务合规	避免处罚
		增强信誉度
		降低经营风险
		提高管理效率

图 2-5　财务与税务合规的内容

2.4.1　财务合规

财务合规指企业在财务方面的运作符合相关法律法规和规范，旨在保证企业的财务活动是合法、规范、透明和可靠的。财务合规是企业合规管理中的一个重要组成部分，其目的是避免财务风险和法律风险，确保企业在财务方面的合法性、规范性和透明度。

（1）会计准则合规

会计准则合规是指企业在进行财务核算和编制财务报告时，遵循国家、地方和行业制定的相关会计准则，确保财务报告的真实、准确、完整和及时性。企业在遵守会计准则的过程中，需要做到以下几点。

第一，正确选择会计准则。企业应根据自身情况和行业特点选择适用的会计准则，包括财务报告编制基础、财务报表内容和格式等方面。

第二，财务数据准确记录。企业应严格按照会计准则要求，正确记录和分类财务数据，确保财务报表的真实性和准确性。

第三，编制真实完整的财务报告。企业应根据会计准则要求，编制真实、完整和准确的财务报告，包括资产负债表、利润表、现金流量表等。

第四，及时披露财务信息。企业应及时向外界披露自身的财务信息，确保信息的公开透明，包括年度报告、中期报告、业绩预告等。

会计准则合规不仅能提高企业的财务管理水平，保护投资者的合法权益，还能增强企业的市场信誉和竞争力。同时，遵守会计准则也是企业合规经营的基础，对于维护企业的长期发展具有重要意义。

（2）资金管理合规

资金管理合规是指企业在日常经营活动中，遵守相关法律法规和内部制度要求，对资金进行合规管理的过程。主要包括以下几个方面。

第一，建立合理的资金管理制度。企业应制定并实施符合相关法律法规和内部规定要求的资金管理制度，包括资金收付、管理和使用等方面的规定。此外，还应定期进行制度的检查和修订，以确保其适应企业的实际情况。

第二，监控资金流动。企业应加强对资金流动的监控，确保资金安全和合法性。具体包括对资金收付、投资、融资等环节的实时监控，及时防范风险。

第三，合规使用资金。企业应按照法律法规和内部制度要求，合规使用资金。包括对资金使用范围、资金来源的审慎选择、合规性的评估等方面进行规范，确保资金的合规性、合理性和有效性。

第四，完善资金管理制度。企业应根据实际情况，不断完善和优化资金管理制度，包括建立和完善资金管理的流程和机制，加强内部控制和风险管理等。

资金管理合规是企业在日常经营活动中，建立合理的资金管理制度，加强对资金流动的监控，确保资金安全和合法性，合规使用资金，并不断完善和优化资金管理制度的过程。

（3）财务内控合规

财务内控合规是指企业应建立完善的财务内部控制制度，包括组织结构、职责分工、授权审批、风险管理、信息沟通、内部监督等方面,从而保障企业资产的安全,防范财务风险,提高财务管理效率和财务信息的准确性和可靠性。财务内控的主要目的是保护企业的财产安全、规避风险、提高工作效率和信息的准确性、可靠性。在实际运作中,财务内部控制包括企业内部管理机制、业务流程控制、财务信息管理和内部审计等方面。企业应该根据自身情况建立符合国家法律法规和会计准则要求的财务内部控制制度,明确财务管理职责、内部控制目标和具体措施,并逐步完善、落实和改进。

(4) 合同合规

合同合规是指企业在签订和履行合同过程中需要遵守相关法律法规和规定,确保合同的合法性、规范性和可执行性。在实际操作中,企业应该制定相应的合同管理制度,明确合同的审批流程和责任人,加强对合同签订和履行过程的监督和管理。同时,企业还应当注意合同的格式和内容,避免出现漏洞和不规范条款,确保合同的合法性和可执行性。如果发生合同纠纷,企业应当积极采取措施,及时处理,维护自身合法权益。

(5) 知识产权合规

知识产权合规是指企业在知识产权管理中遵守法律法规和行业规定,保护自身知识产权、尊重他人知识产权的行为。知识产权包括专利、商标、著作权、软件著作权、商业机密等。企业应建立健全的知识产权管理制度,明确知识产权归属、保护措施、侵权纠纷处理等方面的规定。同时,企业也应在与他人合作时注重保护知识产权,避免侵权行为的发生,以免引起法律纠纷和商业风险。

(6) 审计合规

审计合规是指企业应该按照相关规定接受内部审计和外部审计,遵守审计制度，接受审计机构的监督和管理。内部审计是由企业内部的专业审计机构或审计人员进行的审计，旨在评估企业的内部控制制度和风险管理情况，发现和纠正企业内部存在的问题。外部审计是由第三方审计机构进行的审计，旨在评估企业财务报表的真实性、准确性和完整性。

企业应该建立健全的内部审计机制，对公司的财务、经营和管理情况进行全面审计，及时发现问题并提出建议。同时，企业应该遵守相关法律法规和会计准则，保证财务报表的真实、准确、完整和及时性，接受外部审计机构的审计，并积极配合审计工作的开展。审计合规能够帮助企业识别和纠正问题，提升企业的财务透明度和合规水平，保护投资者和其他利益相关者的权益。

2.4.2 税务合规

税务合规是指企业在税收方面合法合规的经营行为。具体来说，企业应当遵守国家的税收法律法规和税务机关的规定，按照规定的时间、程序、内容和形式进行申报、纳税和缴费，确保纳税义务的履行，避免出现逃税、偷税、抗税等行为。企业还应当进行税务风险管理，及时了解税收政策变化，确保自身的税务合规性。税务合规的意义在于，不仅可以避免因违反税法而面临的罚款和惩罚，还可以增强企业的诚信度和信誉度，提高企业的竞争力和可持续发展能力。税务合规对企业有以下几个方面的影响。

（1）避免处罚

税务机关对企业的纳税行为进行监督和管理，如发现企业存在逃税、偷税、抗税等违规行为，将会对企业进行处罚。税务合规能够帮助企业避免这种风险，保证企业的经营和发展不受影响。

（2）增强信誉度

税务合规是企业维护诚信度和信誉度的重要手段之一，符合法律法规的纳税行为能够帮助企业建立良好的声誉和形象，增强市场竞争力，提高客户和社会公众对企业的信任度。

（3）降低经营风险

税务合规能够帮助企业避免潜在的经营风险和损失，避免因逃税、偷税、抗税等行为所带来的经济和法律风险，保证企业的财务稳定性和可持续发展。

（4）提高管理效率

税务合规能够帮助企业建立健全的税务管理体系，规范企业的纳税流程，提高管理效率，降低管理成本。税务合规对企业非常重要，它不仅可以避免因违反税法而面临的罚款和惩罚，而且还可以帮助企业建立良好的声誉和形象，增强其在市场上的竞争力和可持续发展能力。同时，税务合规还可以帮助企业避免潜在的风险和损失，提高企业的管理水平和效率。因此，税务合规已成为现代企业必须遵守的一项重要法规。

> **篇末案例**

德源药业：合规管理实施全面

医药行业作为一个庞大而复杂的产业，涵盖了药品研发、生产、销售，以及医疗设备、医疗服务等领域。在这个行业中，合规问题至关重要。首先，药品研发和生产必须符合严格的合规要求，这包括药品注册和批准的规定、确保药品的安全性和有效性。药品生产需要遵循药品生产质量管理规范，确保药品的质量和纯度。其次，医疗器械的研发、生产和销售也存在合规问题。医疗器械必须符合相关的注册和批准要求，并且需要进行严格的质量控制。最后，医药行业的销售和市场推广也涉及合规问题。药品销售需要获得相应的销售许可，并且必须遵守药品广告宣传的法规。医药行业的合规性，监管机构和行业协会在制定和执行一系列监管政策和行业标准方面起着重要作用。

一、公司简介

江苏德源药业股份有限公司（以下简称德源药业）成立于2004年，于2021年在北京证券交易所首批上市，德源药业是从事高品质药物研发、生产、销售的现代化制药企业，产品涵盖高血糖、高血压、高血脂和周围神经病变治疗等领域，企业已发展成为国内有一定知名度的代谢病综合征、慢性病药物供应商，德源药业被认定为"国家高新技术企业"。德源药业结合《公司法》《证券法》《北京证券交易所股票上市规则（试行）》等法律法规及公司章程等内部规章制度，按照公司治理有关文件的精神，严格对公司治理情况进行了自查，以确保公司严格遵守合规管理。

二、合规管理实施及其效果

合规管理体系要有效落地离不开人的推动和执行，设置合理的合规管理组织架构，使合规管理组织中的相关人员有一个清晰的合规职责。合规风险识别与评估的前提是找到合规义务，一是法律、法规、部门规章；二是企业内部规章制度；三是职业操守和道德规范；四是企业与其他主体签订的协议承诺。合规管理制度要制定得有效，而不流于形式，关键要融入企业的日常经营和管理活动之中。所有这些因素都是得以实现有效合规管理的基础。德源药业的合规管理实施是全面且深入的，体现在其在制度建设、机构设置、治理约束等方面的严格把关。德源药业的合规管理实施不仅有助于企业稳定高效地运行，创建良好的信誉形象，而且还提高了经济效益，这是非常典型的合规管理的成功实施案例。

（一）内部制度建设

德源药业对内部的制度建设非常重视，提出了多项创新且实质性的制度。对外投资管理制度，进一步降低风险，保障其投资安全；信息披露管理制度，保证信息公开透明，防止利益冲突和无法预期的风险；内部审计管理制度，将审计工作归纳为常规的管理手段，保障经营决策的合理性；承诺管理制度，确保公司各项规章制度和承诺得以有效执行。德源药业为制定有效的合规管理制度投入了大量精力，针对许多关键环节建立了专门的管理制度。德源药业规范其投资活动，最大限度地降低投资风险，提高资本的使用效率，预防信息不对称带来的无法预期的风险。内部审计清晰且易执行的管理制度保证了合作协议或者供应链合同等各种承诺能够得到有效执行。

（二）设置合理合规

德源药业从机构设置层面推进了合规管理。公司设立了专门的审计部，该部门由3名专职工作人员组成，在董事会审计委员会的领导下，审计部门通过开展常规审计和专项审计等业务，对公司内部机构的设置和职责履行情况、财务信息的真实性和完整性、内部控制制度的建立和实施等情况进行监督检查，有效提高了企业的运行效率和公信力。同时，公司成立了审计委员会，其中包括2名独立董事和1名会计专业独立董事。这样的设置，充分保证了审计工作的公正性和独立性。合理的机构设置也是德源药业坚持合规管理的重要抓手。公司设立审计部，并配备专职工作人员，且制定详尽的内部审计管理制度，强化了审计的效果。另外，成立由独立董事参与的审计委员会，强化了对审计结果的公正性和独立性。并对董事、监事、高级管理人员任职履职情况及决策程序运行情况进行严格规定，保证了公司决策的有效性和合规性。

(三)严格遵守治理约束机制

德源药业对于治理约束机制的严格遵守，展现出该企业对于合规管理的重视。监事会及时向董事会、股东大会、保荐券商或北京证券交易所报告任何董事、高级管理人员的违法违规行为，此举提高了公司的治理透明度和有效性。

监事会对董事、高级管理人员的行为进行严谨审查，并在违规行为出现时及时向股东大会报告；此外，对公司控股股东、实际控制人及其控制的其他企业是否存在不合规现象或财务不符合规定的情况进行准确的监督，保证公司在各个层面都能坚决追求合规。

三、结论与启示

德源药业作为一家对合规管理非常重视的企业，他们奉行的合规管理实施技术和手段在业界并非独有，但是可以看出他们深化这些技术和手段的方式确实独特，具有效率高的特点。德源药业在合规管理实施上，无论是在内部制度建设、机构设置上，还是在治理约束机制遵守上，都做出了卓越的努力。这种对合规管理系统全面而深入的实施，对于公司经营管理的改善、经济效益的提高乃至企业形象的提升，无疑都产生了深远的影响。由此，我们可以得出以下启示。

第一，内部制度建设的关键性。企业应该重视内部制度的建设，确保制度不仅是形式上的，还要融入日常经营和管理活动中。这包括制定创新且有实质性的制度，以满足法律法规和道德规范，例如信息披露、内部审计、承诺管理等。这样的制度建设有助于降低风险，提高经营决策的合理性，确保各项规章制度得到有效执行。

第二，合理的机构设置的重要性。企业应该设置合理的合规管理组织架构，明确合规职责。这包括设立专门的合规管理部门，如审计部，以监督和检查公司内部机构的设置、财务信息的真实性、内部控制等。同时，成立由独立董事参与的审计委员会可以提高审计的公正性和独立性，从而增强治理透明度和有效性。

第三，严格遵守治理约束机制。公司应该积极遵守治理约束机制，及时向相关方报告任何违法违规行为，提高公司的治理透明度和有效性。此外，对公司控股股东和实际控制人的合规状态也需要严格审查，以维护公司的利益。通过严格遵守治理约束机制，公司可以增强合规性，并确保在各个层面都坚决追求合规。

（资料来源：由多方资料整理而成）

本章小结

①企业合规风险与内部控制是现代企业管理中不可忽视的重要方面。

②企业合规风险指的是企业在运营过程中可能面临的法律、法规和政策要求方面的风险。

③合规风险管理对企业的可持续发展至关重要，建立一个完善的企业合规体系是企业管理的首要任务之一。

④企业合规的重要性与风险管理需要得到足够的重视，合规风险可能包括合同违约、环境保护违规、腐败行为等。

⑤企业合规与刑事风险防范密切相关，合规管理不仅是为了遵守法律和规定，还应该防范潜在的刑事风险。

⑥企业应当加强内部控制，确保业务活动的合法性和合规性，从而降低可能面临的刑事责任和法律风险。

⑦提升高管合规管理能力对于提升企业的合规能力至关重要，高管应具备合规风险管理的专业知识和技能，能制定并执行相应的合规策略。

⑧建立合规组织管理机构也是重要的一环，该机构应负责监督合规风险的识别、评估和控制，并向高层管理层提供合规报告和建议。

⑨对于特定领域的合规管理，如财务与税务，企业可以设立专项合规管理部门或委托专业机构进行管理，以确保在财务报告和税务申报方面的合规性，减少相关风险的发生。

⑩通过建立健全的企业合规体系、加强内部控制和提升管理能力，企业可以有效管理和降低合规风险，确保企业的可持续发展。

第 3 章

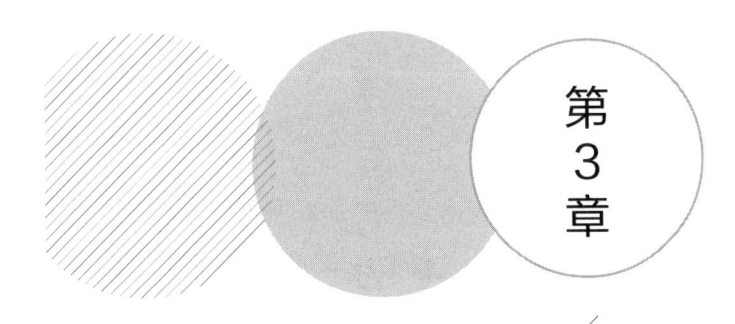

企业税务合规

税务合规的基本原则可以视为企业在遵守国家税法、税务规定及相关税收政策的前提下，与国家共享税务资源，实现合作共赢。简而言之，企业按时足额地纳税，将税款视为一种资源与国家共同分享，以支持国家的经济发展和社会建设。企业也可依据税收政策的规定，享受相应的税收优惠，从而实现自身的经济效益。这种合作共赢的思维方式类似于将税务资源转让使用权，从而使企业和国家在税收领域实现双赢。在税务合规过程中，企业应遵守法律法规，保持诚实守信，自觉申报纳税信息，并配合税务机关进行税务管理和监督检查，同时建立良好的企业信用体系等措施。这些举措将有助于企业共享税务资源，实现合作共赢，推动企业和社会的可持续发展。

> 开篇案例

京东集团:"正道成功"的合规发展

电子商务是基于互联网和数字技术的商业模式,是在全球化、数字化转型和移动化趋势下,提供多元化产品和服务,依赖数据驱动,但也面临激烈竞争和法规合规压力的行业。电商行业的企业会面临一系列关键的合规问题:知识产权保护至关重要,要确保不侵犯他人的知识产权;数据隐私合规是一大挑战,需要遵守严格的数据隐私法规;环境可持续性合规受到越来越多的关注,需要考虑产品的环保性和减少环境影响。解决这些问题的关键在于建立强大的监管体系、制定合适的政策和采取绿色可持续的做法。这将确保业务的合法性、可持续性和可信度,同时满足不断增长的社会和法律要求。

一、公司简介

京东集团股份有限公司(以下简称京东集团)于2004年首次进入电商行业。在随后的发展中,该公司取得一系列重要的里程碑式进展。2014年5月京东集团在美国纳斯达克证券交易所成功上市,成为中国首家在美国上市的综合型电商平台。2020年6月京东集团在香港联交所二次上市,进一步巩固了其国际地位。2017年年初,京东开始全面进行技术转型,扩展业务涵盖了众多领域。京东集团的成功部分归因于其强大的供应链管理,采用了"有责任的供应链"理念,积极推进"链网融合"战略,实现了货物、仓储和云计算的高效协同。这不仅确保了公司自身供应链的稳定性和可靠性,还促使了产业链上下游合作伙伴的数字化转型,降低了成本,提高了效率,更好地支持了实体经济的高质量发展。京东集团自成立以来一直坚定地奉行"零容忍腐败"的原则,并形成了独特的"京东治理模式"。这一模式以"正道成功"为价值取向,强调"合规即发展",并将合规理念融入所有业务中。在公司的顶层架构上,京东集团保证了合规部门的权威性和独立性。公司制定了覆盖各业务的合规制度体系,以确保合规性。京东集团还积极参与行业共治,推动企业共同参与"阳光诚信联盟",以加强治理,提高治理效能。

二、合规管理实施及其效果

合规不仅仅是一种管理方式,更是一种基于信任的合规文化,融入管理过程和全员工作中。当企业坚定地奉行"只做合规的业务"的原则时,它不仅能够赢得更多合作伙伴的信任,还能够实现长期可持续的发展。合规不再仅仅是对法律和规定的遵守,而是一种企业价值观的体现。每个员工都被鼓励和激励去遵守规定、尊重道德,以确保企业在所有层面都运作得光明磊落。这不仅有助于减少风险和法律纠纷的发生,还有助于提高企业的声誉和品牌价值。

(一)内控合规管理

京东人共同坚守"正道成功"的底线背后是京东集团对客户的尊重和对商业伦理的敬畏。京东集团在"一个理念""三道防线""五个维度"的合规体系下,通过全面宣贯、连带问责、重点奖励等多重机制,确保内控合规管理落地。"一个理念"是"正道成功"的底线;"三道防线"包括全体京东集团员工、风险管理专业团队和监察与审计团队;"五个维度"涉及法律监管合规、反腐廉洁合规、信息安全合规、审计合规、交易风险控制。风控研发团队的主要职责是负责整个风控体系的搭建,包括风险识别、决策和风险处置等。内控合规部负责内部监察和审计,监察主要是指针对个别问题预防和调查,审计则从业务的角度对局部问题进行全面核查。

(二)建立内控合规部

2016年京东集团整合资源设立"内控合规部",该部门直接向集团

CEO汇报，拥有集团唯一的腐败调查权。这个独立的内控合规部门和我们通常理解的内审部门类似，他们的权力非常大。内控合规部将举报的保密工作放在首位，对于举报受理和调查有严格的管控制度和流程。对举报人的个人信息及举报人提供的所有举报材料均严格保密。

（三）多方进行合规治理

第一，联合行业打造廉洁反腐生态圈。京东持续打造"阳光诚信联盟"品牌，阳光惟诚会员平台现已服务超过600家会员企业。2021年，"阳光诚信联盟"品牌持续构建企学研合作模式，华东政法大学互联网企业反腐败与合规研究院成功举办首届"民营企业廉洁合规创新奖"，18家优秀企业的廉洁合规创新举措获得相关的奖项，起到良好的社会示范效果，促进行业清廉发展。"阳光诚信联盟"品牌推出《互联网企业反腐密码》一书，汇集包括京东、美团、字节跳动、小米等优秀企业的管理实践和廉洁合规创新实践，有效推动行业的廉洁合规管理水平，促进廉洁生态圈的发展。京东集团将继续秉承"诚信经营、正道成功"的原则，以开放的心态联合行业及社会力量，携手打造廉洁生态圈，共同构筑阳光透明的商业环境。

第二，保护知识产权合规。京东集团高度重视知识产权工作，通过"事前—事中—事后"的全链路知识产权保护举措，维护知识产权权利人的合法权益。同时作为以技术为核心驱动的企业，京东集团重视自身技术能力的提升和积淀，制定了契合集团发展的知识产权战略，在国内外进行知识产权布局。

第三，信息安全是长久发展的保障。高效的网络和信息技术是京东建设"数智化供应链"的基石，信息安全是京东长久稳定发展的保障。京东集团高度重视数据及隐私安全，成立安全与风控委员会，在管理架构上层层把控信息安全。安全与风控委员会进行统筹规划、决策隐私与安全相关工作；信息安全部能落实安全与风控委员会的决策，推动信息安全的落实，对集团网络及系统进行防护；数据安全组主要负责京东的数据安全管理。

三、结论与启示

京东集团从涉足电商到不断发展壮大，其中的关键因素之一是其强大的供应链管理和合规文化。合规管理不仅仅是一种必要的管理方式，更是一种根深蒂固的文化，为企业赢得了合作伙伴和客户的信任。京东集团以"正道成功"为价值取向，将合规融入管理的方方面面。从京东集团的发展中，我们可以得出以下启示。

第一，建立内控合规部门。像京东集团一样，企业可以设立专门的内控合规部门，负责监察和审计，确保合规政策的执行。这有助于提高合规管理的专业性和独立性。

第二，多方进行合规治理。京东集团通过联合行业和社会力量打造廉洁生态圈，促进了行业的清廉发展。企业可以积极参与行业合规倡议，与其他企业和机构合作，共同维护商业环境的透明度和诚信。

第三，信息安全至关重要。对于依赖信息技术的企业来说，信息安全是长期稳定发展的关键。企业应该建立完善的信息安全体系，保护客户数据和隐私，以及企业的核心技术和业务。

（资料来源：由多方资料整理而成）

3.1 税务合规的基本原理

税务合规的基本原理可以类比为企业在遵守国家税法、税务规定和相关税收政策的基础上，共享税务资源，实现合作共赢。例如，企业应该按时足额地纳税，将税款作为一种资源共享给国家，以支持国家的经济发展和社会建设。同时，企业也可以根据税收政策的要求，享受一定的税收优惠政策，实现企业自身的经济效益。这就是一种以转让使用权的形式，共享税务资源，实现合作共赢的思维方式。类似地，企业在税务管理的过程中，应该遵守法律法规，诚实守信，自主申报纳税信息，配合税务机关进行税务管理和监督检查，建立良好的企业信用体系等。这些措施可以帮助企业共享税务资源，实现合作共赢，促进企业和社会的可持续发展。

3.1.1 税务合规的渊源

税务合规的渊源可以追溯到古代社会的税收制度，但在现代经济和社会发展中，税务合规的概念逐渐演变为企业履行法律规定的纳税义务，遵循社会责任和可持续发展理念，以及应对国际税收合作的要求。

（1）古代的税务制度

在古代，各个国家和地区都有各自的财政制度和税收征收方式。例如，秦朝时期就实行了统一的赋税制度。中国古代的"天下财产"的概念，就是指国家所有的资源和财富都属于天子，由天子统一管理和征收税收。在欧洲中世纪时期，各个国家也都有自己的财政制度和税收征收方式，例如英国的封建制度下，国王通过对领主征收赋税筹集国库资金。随着人类社会的发展，政府需要通过征税筹集财政收入，以支持国家的运行和发展。税务合规的概念源于对税收征管的需求，以确保企业和个人按照法律规定履行纳税义务，遵循税收法律和规定，不逃税、偷税、漏税或避税。古代的税务制度如图 3-1 所示。

图 3-1 古代的税务制度

(2)现代的税务合规

随着现代国家的出现和工业化的发展,税收成为国家财政收入的主要来源之一,税收征收方式和税务管理也逐渐得到完善和规范。例如,在19世纪末20世纪初的美国,税收制度和税务管理已经相对完善,政府在财政收支平衡和税收管理方面已经具备了相应的能力和控制力。

现代税务合规的概念和理念,则是在经济全球化和信息技术发展的背景下逐渐形成和发展起来的。税务合规的概念最早出现在国外,如美国的"Tax Compliance(税收遵从)"和欧盟的"Tax Governance(税收治理)"。随着全球贸易和投资的增加,跨国公司越来越多地涉足多个国家和地区的市场和业务,税收制度和税务管理也越来越复杂和多样化。为了规范企业在不同国家和地区的税务行为,保障税收的公平和有效征收,各国政府逐渐制定了相关税法和税务规定,并建立了相应的税务管理机构,税务合规也逐渐成为企业必须遵守的基本要求之一。

现代税务合规的渊源还可以追溯到企业社会责任(CSR)和可持续发展的理念。越来越多企业认识到,履行税务合规是企业社会责任的一部分,是企业作为社会成员应尽的义务之一。合规纳税有助于维护税收秩序、推动公平竞争、促进社会公平正义,有助于企业在社会中建立良好的声誉和形象,从而为企业的可持续发展创造良好的环境。

随着国际税收合作的加强和跨境经济活动的增加,国际税务合规也日益成为全球企业必须面对的重要问题。国际税务合规涉及不同国家和地区的税法法规、税务协定、税务报告要求等,企业需要根据国际税务合规的要求合理规划和管理跨境业务,以确保在全球范围内履行合规纳税义务。现代税务合规的发展追溯如图3-2所示。

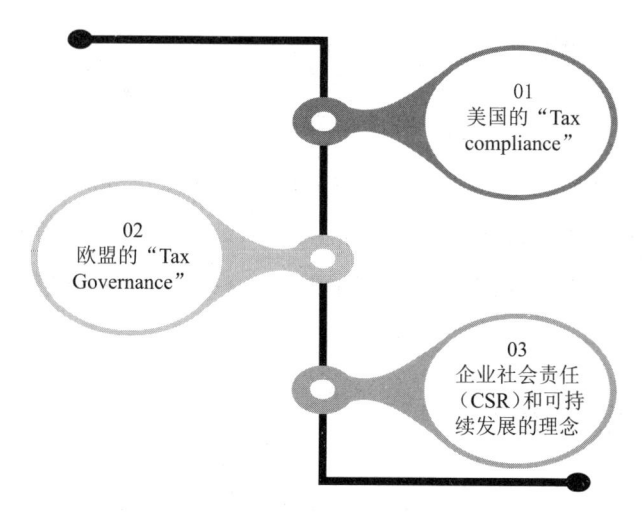

图 3-2　现代税务合规的发展追溯

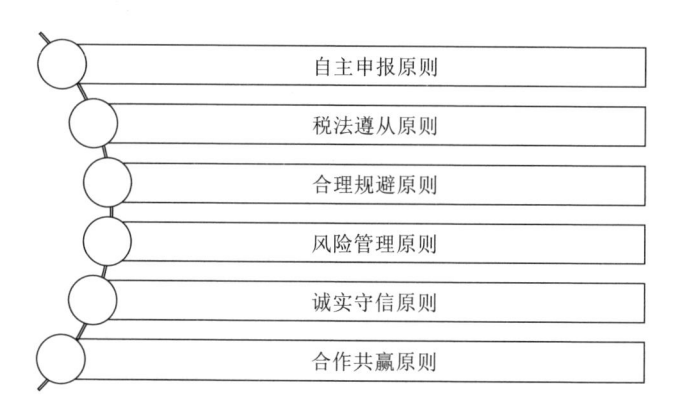

3.1.2　税务合规的基本原则

税务合规的基本原则是企业应当按照税法、税规和相关政策的要求，诚实守信、遵守纳税义务，建立健全的内部控制和风险管理机制，注重社会责任，以实现企业自身发展和社会共同进步的良性互动。税务合规的基本原则包括以下几个方面（见图 3-3）。

- 自主申报原则
- 税法遵从原则
- 合理规避原则
- 风险管理原则
- 诚实守信原则
- 合作共赢原则

图 3-3　税务合规的基本原则

（1）自主申报原则

企业应当按照国家税法和税务规定的要求，如实申报税务信息，如实反映经营状况和财务状况，不得有故意隐瞒、虚报、谎报等违规行为，并主动配合税务机关开展核实、检查和调查等工作。这个原则强调企业的主动性和责任感，企业应当自行识别和纠正税务风险，而不是等待税务机关发现后再补救。

（2）税法遵从原则

企业应当遵守国家税法、税务规定和相关税收政策，按照法律规定计算纳税金额，按期申报、按期缴纳税款。这个原则是税务合规的基础，也是企业合法经营的基础。只有依法纳税，企业才能获得政府的保护和支持，也才能在市场竞争中立于不败之地。

（3）合理规避原则

企业可以依据税收法律法规的规定，通过合理的税务筹划和规避税收风险的措施，降低纳税负担，但不得采取违法行为。这个原则强调企业可以通过合法的手段降低税务负担，但不得以逃税、偷税、抗税的方式来规避税收风险。

专栏 3-1

宁德时代：生态体系合规经营

宁德时代原本是 ATL 动力电池部门，创始于 1999 年，后将其打造为消费锂电池领域全球龙头企业。2011 年团队进行二次创业创立宁德时代新能源科技股份有限公司（以下简称宁德时代）。2012 年与德国宝马集团进行战略合作，成为其动力电池核心供应商。宁德时代经过不到十年的成长发展和不断扩大,在2018年6月1日于深交所创业板成功上市。截至2021年公司连续5年蝉联全球动力电池装机量第一名。公司从一个ATL新能源科技独立出的动力电池部门快速成长为一家专注于新能源汽车动力电池系统、储能系统研发、生产与销售,以及锂电回收业务的龙头企业,列于全球动力电池供应商"第一梯队"。

一、廉洁建设,反腐合规

宁德时代董事会高度重视公司的廉洁建设和反腐工作,坚持对腐败零容忍的态度,进一步强化行为准则委员会工作。由行为准则委员会联合内审、人力资源、信息安全等部门加强风险防控排查,形成稽查、监督的合力,扎紧杜绝舞弊和腐败的"篱笆"。行为准则委员会秉持"查防结合,以防为主,齐抓共管,重点防控"的工作理念,采取"外圆内方"的工作方法,坚持用制度管人管事,坚持以职员为主体,充分调动和发挥职员参与反腐的积极性,将反舞弊工作进行到底。

二、生态供应链体系合规经营

构建可持续发展的生态供应链体系,坚持道德和合规经营,持续加强利益相关方的沟通,促进供应链和谐发展,确保供应链的可持续发展,回馈客户和社会。供应链可持续发展管理的总体政策和行动原则如下。

第一,将可持续发展作为采购战略的重要组成部分,提升可持续发展在供应商认证、绩效评估和采购决策等环节的权重,深化与客户、供应商和行业组织的合作,通过采购业务推动供应商可持续发展,降低供应风险,提升客户满意度和供应链竞争力。

第二,严格遵守社会、经济、人权和环境保护领域内所有重要的法律法规、国际规范和其他利益相关方的要求,如《社会责任国际标准》(SA 8000)、《世界人权宣言》《职业健康与安全管理体系》(OHSAS18001)、《环境管理体系规范及使用指南》(ISO 14001)及《电子行业行为准则》(EICC)。

第三，持续关注并减少供应链中经营对环境的影响，关注供应链中环境保护管理能力的提升，关注供应链中员工的权益，重视员工道德教育，以提高员工对合规重要性的认识。

第四，将所有可持续发展的管理要求和合规性要求知会所有供应商，帮助供应商提升可持续发展的管理能力和价值，推动所有供应商采用对社会和环境负责任的方式经营。

三、结论与启示

宁德时代在廉洁建设和反腐合规方面表现出极高的重视和承诺。通过建立行为准则委员会和强化风险防控措施，公司有效杜绝了腐败和舞弊风险，体现了对道德和合规的坚守。同时，公司积极构建生态供应链体系，强调可持续发展和合规经营，充分考虑了社会、经济、人权和环境等因素，确保了供应链的可持续性，提高了客户满意度和竞争力。由此，我们可以得出以下几点启示。

第一，廉洁合规文化至关重要。公司的零容忍腐败态度和行为准则委员会的工作模式为员工树立了廉洁合规的榜样。其他企业应积极倡导廉洁文化，建立有效的合规机构，加强对道德和法律的培训和教育，以树立员工的合规意识。

第二，构建生态供应链，加强合规经营。企业应积极构建可持续发展的生态供应链体系，将可持续发展纳入采购战略的重要组成部分。与供应商、客户和行业组织深化合作，推动供应商可持续发展，降低供应风险，提升供应链竞争力。严格遵守法律法规、国际规范和其他利益相关方的要求，加强与相关组织的沟通，确保供应链合规经营。

第三，关注社会和环境责任，提升员工道德教育。企业应持续关注供应链中对环境的影响，提高员工对合规重要性的认识，进行员工道德教育，确保员工在经营活动中充分考虑社会和环境责任。将可持续发展的管理要求和合规性要求传达给所有供应商，帮助他们提升管理能力和价值观，推动供应商以对社会和环境负责任的方式经营。

（资料来源：由多方资料整理而成）

（4）风险管理原则

企业应当建立健全的内部控制和风险管理制度，识别和评估税务风险，并采取措施防范和化解税务风险。这个原则强调企业应该建立健全的内部控制制度，以确保企业税务资料的真实性和完整性，同时避免内部员工的违法行为对企业造成的损害。

（5）诚实守信原则

企业应该诚实守信、恪守商业道德和职业道德，建立良好的企业信用体系，积极参与税收征管和税务机关的合作。这个原则强调企业应该积极配合税务机关的税收征管工作，建立和维护良好的企业信用体系，树立良好的企业形象。

（6）合作共赢原则

税务合规不仅仅是企业履行纳税义务的问题，也是企业与税务机关、社会公众和其他利益相关方之间协调合作的问题。因此，企业应当与税务机关保持密切联系，建立良好的沟通合作机制，实现共赢发展。

3.1.3 税务合规要素

税务合规要素是指企业在实现税务合规的过程中需要关注的关键因素，这些要素共同构成了税务合规的基础，企业应当全面关注、合规操作，以降低税务风险、维护企业声誉，并获得政府和市场的支持和认可。主要包括以下几个方面（见图3-4）。

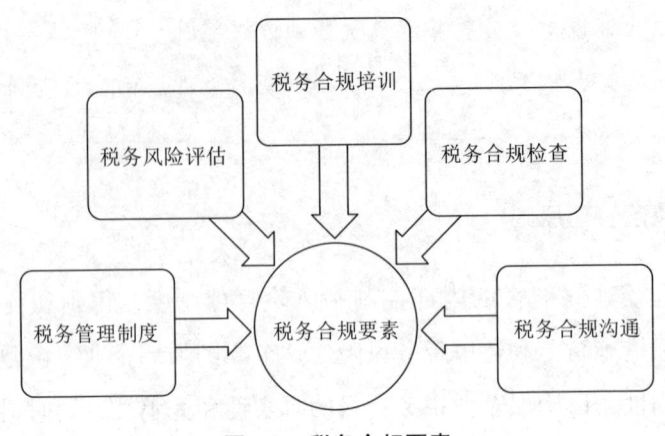

图 3-4 税务合规要素

（1）税务管理制度

税务管理制度是指企业应建立的涵盖税务管理各方面的规章制度、操作程序、内部管理体系等。税务管理制度的建立有助于规范企业的税务申报和缴纳程序，减少错误和漏洞，提高税务管理的效率和准确性。税务管理制度应涵盖纳税申报、报税时间、报税人员的职责和权限、税务相关资料管理等方面。只有制定健全的税务管理制度，才能让企业在税务合规方面做到严格执行和有效控制。

（2）税务风险评估

税务风险评估是企业识别和评估税务风险的过程。企业应该根据自身经营特点和税收政策，制定相应的风险管理措施，避免或减少税务风险对企业的影响。税务风险评估需要考虑税收政策、税务法规、税务审计等方面的因素，以全面评估企业面临的税务风险。评估结果应该被纳入税务管理制度中，并及时进行调整和修订。

（3）税务合规培训

税务合规培训是指企业应该定期为员工提供税务合规方面的知识和技

能培训。通过培训，企业能够提高员工对税务法规的理解和掌握程度，提高员工对税务合规的意识和认识。企业应该为所有员工提供税务合规培训，并在新员工入职时进行必要的培训和指导，以确保员工在税务合规方面有一定的基础知识和技能。

（4）税务合规检查

税务合规检查是企业对自身税务合规状况进行定期检查的过程。企业应该建立内部税务合规检查机制，定期对纳税申报、税务处理、税务数据管理等方面进行全面检查和评估，及时发现和纠正存在的问题。税务合规检查有助于企业确保税务申报和缴纳的准确性和及时性，降低税务风险带来的不利影响。

（5）税务合规沟通

企业应该与税务机关保持积极的沟通和合作，及时了解最新的税收政策和法规，并按照要求主动报送企业的经营状况和财务状况。同时，企业应该积极反映遇到的税务合规问题，并与税务机关进行沟通解决，建立良好的合作关系，确保税务合规管理的顺利进行。

3.1.4 企业税务风险分类

企业税务风险是指企业在税务管理过程中所面临的潜在风险，包括税收政策变化、税务法规变动、税务审计等因素带来的影响。根据不同的风险因素，企业税务风险可分为以下几类（见图3-5）。

（1）法律合规风险

这类风险主要涉及企业是否遵守了国家税收法律法规的规定，包括税务报表的准确填报、税务申报的及时性、税务处理的合法性等。如果企业在税务合规方面存在法律合规风险，可能面临税务处罚等法律后果，甚至可能被税务机关追究刑事责任。

```
┌─────────────────────┐
│    法律合规风险      │
└─────────────────────┘
┌─────────────────────┐
│    税务政策风险      │
└─────────────────────┘
┌─────────────────────┐
│    税务审计风险      │
└─────────────────────┘
┌─────────────────────┐
│    跨境税务风险      │
└─────────────────────┘
┌─────────────────────┐
│    数据合规风险      │
└─────────────────────┘
```

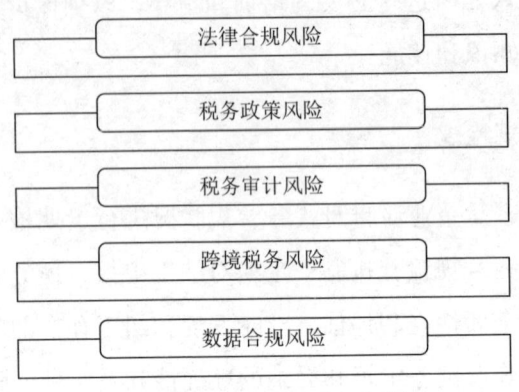

图 3-5　企业税务风险分类

（2）税务政策风险

税务政策风险主要涉及企业是否了解和掌握了最新的税收政策和法规，是否合理地利用税收优惠政策和减免措施等。如果企业在税务政策风险方面存在疏漏或不合规的行为，可能导致错过税务优惠机会，增加企业税负。

（3）税务审计风险

税务审计风险主要涉及企业是否能够通过税务审计，证明自身税务合规的合法性和合规性。如果企业在税务审计方面存在问题，可能导致税务机关对企业的税务处理进行调整，从而增加企业的税务负担。

（4）跨境税务风险

对于跨境经营的企业来说，涉及多国税法和税务合规的复杂性，可能导致企业面临跨境税务风险。这包括涉及跨境交易的转让定价、跨境投资的税务报告和申报、跨境税务协议的遵守等方面的风险。如果企业未能合规处理跨境税务事务，可能面临国际税务争端、税务处罚和财务成本的增加。

（5）数据合规风险

随着信息技术的快速发展，企业在税务申报和报税过程中需要处理大量的税务数据。如果企业在税务数据管理方面存在不当行为，例如数据造假、数据不准确、数据缺失等，可能导致数据合规风险。这包括税务数据的采集、处理、存储和报送等环节。如果企业未能合规处理税务数据，可能面临税务机关的查处和处罚。

3.1.5 税务合规风险的应对措施

近年来，随着税务法规的不断升级和税务机构的日益严格执法，企业税务合规风险日益突出。针对这种情况，企业需要采取一系列应对措施来规避风险（见图3-6）。

1. 全面了解税务政策和法规，建立合规管理制度
2. 完善内部控制体系，确保税务申报准确合规
3. 定期进行税务合规风险评估和监控
4. 税务合规与业务运作的紧密结合
5. 定期进行外部审计和尽职调查

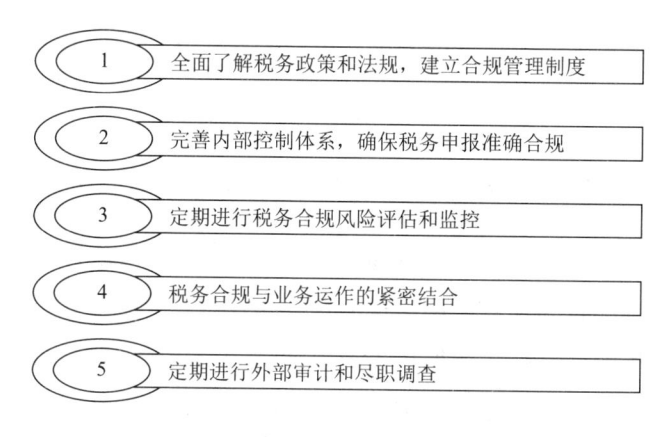

图3-6　税务合规风险的应对措施

（1）全面了解税务政策和法规，建立合规管理制度

企业应通过深入了解所在地税务政策和法规，确保公司的税务活动与当地法律法规保持一致。同时，应建立合规管理制度，包括明确税务流程和责任，并进行合规培训、合规审查和合规报告等，以确保税务合规的全

面遵循。企业可以通过定期更新和发布内部合规制度、设立税务合规部门并配备专业人员等方式，结合企业实际情况来确保税务合规。

（2）完善内部控制体系，确保税务申报准确合规

企业应建立健全的内部控制体系，包括财务和税务内部控制，以确保税务申报的准确性和合规性。这包括建立明确的税务处理流程、审查税务申报材料的程序，以及加强对税务合规情况的自查自纠和内部审计等措施，结合企业的实际情况，确保税务申报合规可靠。

（3）定期进行税务合规风险评估和监控

企业应定期进行税务合规风险评估，识别潜在的风险点，并建立监控机制，包括对税务申报、税务处理和税务合规制度的监督和审查。企业可以通过设立专门的风险管理部门或委托专业机构进行风险评估和监控，以及建立风险报告和应对措施的制度，结合企业实际情况，及时发现和解决潜在的税务风险。

（4）税务合规与业务运作的紧密结合

企业应在业务运作中充分考虑税务合规要求，包括合理规划业务结构、交易安排和合同条款，确保税务合规与业务运作的紧密结合。企业可以通过与税务顾问合作，定期审查业务活动的合规性，确保业务运作符合税务法规，同时与税务部门保持密切沟通，咨询税务政策和法规的变化，确保公司的税务处理和申报活动合规合法。

（5）定期进行外部审计和尽职调查

企业应定期进行外部审计，并进行尽职调查，确保公司的税务合规情况得到独立审查，发现和解决潜在的税务风险。企业可以寻求专业的税务咨询服务，从而获得权威的税务意见和建议，并及时解决问题，避免不必要的税务合规风险。

3.2 税务合规的相关规定

税务合规是一个非常复杂和多变的领域，不同的国家和地区的税务法规和税务合规要求也不尽相同。企业需要了解并遵守这些相关规定，以确保自身在税务合规方面的合法性和稳健性。同时，企业应该密切关注税收政策的变化和税务风险的变化，及时调整税务合规策略。

3.2.1 增值税

税务合规中，增值税是一个重要的方面。增值税是企业所面临的最重要的税种之一，对于税务合规来说也非常关键。在税务合规中，涉及增值税的相关规定主要包括以下几个方面。

（1）增值税的纳税人范围

增值税的征税对象是指在国内从事销售货物或者提供应税劳务的单位或个人。增值税的征税范围包括销售货物和提供应税劳务两个方面。其中，销售货物是指销售在境内生产、委托加工或者从其他国家进口的货物；应税劳务包括交通运输服务、建筑安装服务、技术咨询服务等。按照《中华人民共和国增值税暂行条例》规定，增值税的纳税人包括增值税一般纳税人和小规模纳税人。一般纳税人是指具有独立承担民事责任能力的企业单位、个体工商户及其他组织或个人，其年销售额超过500万元的应当按照一般纳税人的标准计算缴纳增值税。小规模纳税人是指年销售额不超过500万元的纳税人，按照小规模纳税人的标准计算缴纳增值税（见图3-7）。

一般纳税人：年销售额超过500万元

小规模纳税人：年销售额不超过500万元

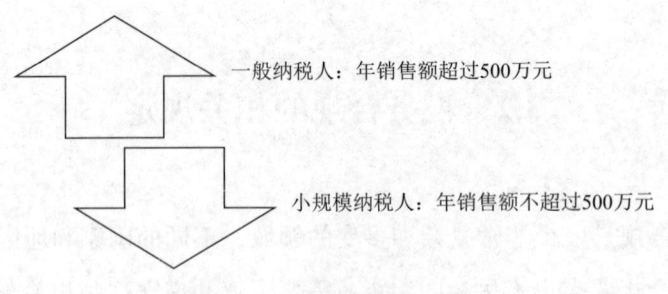

图 3-7　增值税纳税人种类

（2）增值税的计算方法

增值税是按照增值额计算的，即纳税人实际销售商品或提供劳务所增加的价值。增值额的计算方法是销售额减去进项税额。销售额是指纳税人销售货物、提供应税劳务和不动产等取得的全部收入。进项税额是指纳税人在购进货物、接受应税劳务和不动产等取得的全部支出中应当扣除的增值税税额。

（3）增值税的税率和税基

根据不同的增值税税率，增值税的税基也不同。一般纳税人增值税的税率分别为13%和9%，其中13%适用于一般货物和应税劳务，9%适用于农产品、部分文化用品和服务等。小规模纳税人增值税的税率为3%或5%，税基为销售额（见图3-8）。

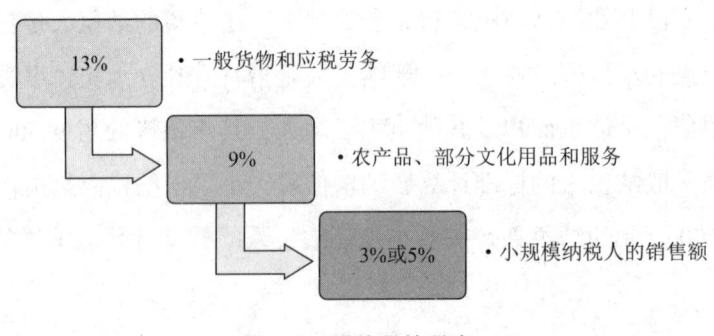

- 13%　・一般货物和应税劳务
- 9%　・农产品、部分文化用品和服务
- 3%或5%　・小规模纳税人的销售额

图 3-8　增值税的税率

（4）增值税的申报和缴纳

纳税人需要按照规定的时间，向税务机关申报增值税，并缴纳相应的税款。一般纳税人每月申报和缴纳增值税，小规模纳税人可以选择每月或每季度申报和缴纳。纳税义务是指纳税人必须遵守增值税法律法规，按照规定申报纳税，及时足额地缴纳税款，提供真实、准确、完整的申报资料，接受税务机关的监督检查。

> **专栏 3-2**
>
> ## 固高科技：内控合规管理
>
> 固高科技股份有限公司（以下简称固高科技）成立于 1999 年，由香港科技大学的三位杰出学者和专家李泽湘、高秉强和吴宏创办，2023 年 8 月 15 日上市。固高科技专注于运动控制和智能制造核心技术的研究和开发，拥有自主知识产权，是国内外全面互联智能制造解决方案的供应商之一。固高科技的核心技术研究集中在五个方向：运动控制、伺服驱动、多维感知、工业现场网络和工业软件。固高科技是深圳市唯一的运动控制技术工程中心承担者，结合行业需求，提炼行业难点，整合研发优势及全球高校资源，为系统集成商和设备制造商提供了一系列开放式、可重组、全互联的高端装备控制开发平台，帮助客户降低技术研发门槛，缩短产品开发周期，迅速实现高端装备的产业化。
>
> ### 一、固高科技合规制度的构建
>
> 固高科技是一家专业从事半导体封装测试及系统集成的企业，其合规经营是公司的重要战略。固高科技秉承"诚信、合规、创新、共赢"的价值观，建立了完善的合规管理体系，包括但不限于制定了《反腐败政策》《反腐败管理制度》《反洗钱管理制度》等一系列制度。同时，公司还建立

了内部控制体系，对公司的各项业务进行监督和管理。固高科技还积极参与行业协会和社会组织的活动，推动行业的规范化和标准化。

二、财务内控合规管理

固高科技在财务内控方面曾存在严重违规现象，但根据截至2021年12月31日的情况，公司已经采取一系列合规管理措施来改善这种情况，特别是涉及员工个人账户对外收款的问题。

第一，资金收款合规管理。公司已经明确规定所有款项必须通过公司开立的银行账户收款，以确保合规性。此举是根据《公司法》《中华人民共和国商业银行法》《现金管理条例》等法律法规的要求制定的。而且公司还进一步完善了《货币资金管理办法》，确保了在银行账户开立、使用及资金的授权、批准、复核，资金收付等方面建立了完善的资金管理内控制度，并严格执行，以规范员工个人账户的款项收付情况。

第二，第三方回款情况。报告期内，发行人的主要销售收入通常直接由客户回款，只存在一小部分第三方回款的情况。这些第三方回款的必要性和商业合理性得到了明确说明。

第三，第三方回款必须合规。第三方回款金额小且有特定原因，报告期内的第三方回款总体金额相对较小，而且这些回款都有明确的特定原因，公司认为这些回款是必要的并且合规的。

固高科技这些举措有助于确保公司的财务合规性，并减少违规行为的发生。

三、结论与启示

固高科技已经建立了完善的合规管理体系，包括反腐败政策、反腐败管理制度、反洗钱管理制度等，这是企业合规的基础。公司应继续完善并定期更新这些制度，以适应法律法规的变化和企业经营环境的演变。固高科技确保内部控制程序的有效性，以降低潜在风险，特别是财务风险。这包括了解和改进员工个人账户对外收款的情况，以确保所有款项都通过公司开立的银行账户收款。

固高科技在企业合规方面表现出一定的积极性，这为其他企业的合规管理方面提供了启示。

第一，风险评估和监测。公司应该定期进行风险评估，以识别潜在的合规风险，并采取适当的措施来减少这些风险。同时，建立有效的监测机制，以确保合规政策的执行。

第二，透明度和沟通。固高科技应该保持透明度，向利益相关方和投资者传达公司的合规承诺和举措。积极的沟通可以提高信任度，降低合规风险。

第三，持续改进。合规管理是一个持续改进的过程。公司应该不断审查和完善合规政策和程序，以适应法律法规的变化和业务需求的变化。

（资料来源：由多方资料整理而成）

（5）增值税的发票管理

企业销售货物或提供劳务时，必须开具增值税发票。增值税发票分为普通发票和专用发票，普通发票适用于一般纳税人，专用发票适用于行业内特定的纳税人。企业在开具发票时，必须按照规定填写发票内容，包括发票号码、销售方纳税人识别号、购买方名称、税率等信息。同时，企业还要按照规定保存发票及相关票据，接受税务机关的查验。

增值税的合法规定如图3-9所示。

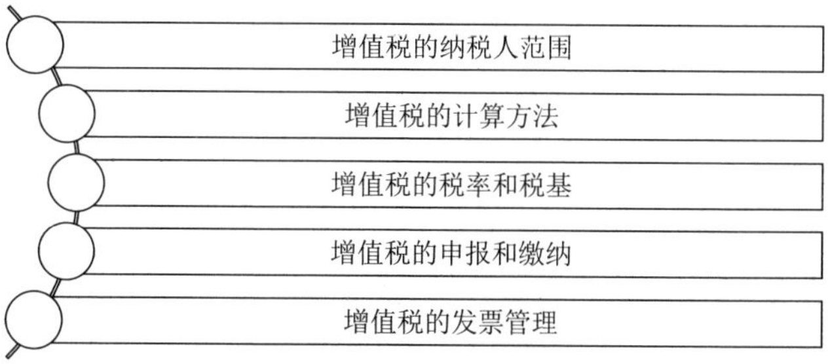

- 增值税的纳税人范围
- 增值税的计算方法
- 增值税的税率和税基
- 增值税的申报和缴纳
- 增值税的发票管理

图3-9 增值税的合法规定

3.2.2 消费税

消费税是一种在特定商品或服务的生产、销售或者进口环节征收的税种，旨在通过对特定商品或服务征收税款引导和调控消费行为。税务合规中关于消费税的相关规定主要包括消费税法、消费税实施细则、消费税申报和缴纳等方面。

（1）消费税的征税范围

消费税的征税对象包括生产、销售或者进口特定的消费税税目所涉及的商品或服务。不同国家和地区的消费税税目范围各有不同，一般包括烟草、酒精饮品、汽车、燃料、化妆品、高档手表、珠宝、奢侈品等，中国的消费税各行业占比如图3-10所示。消费税税目的种类和税率根据国家或地区的税收政策和经济需求而有所不同。

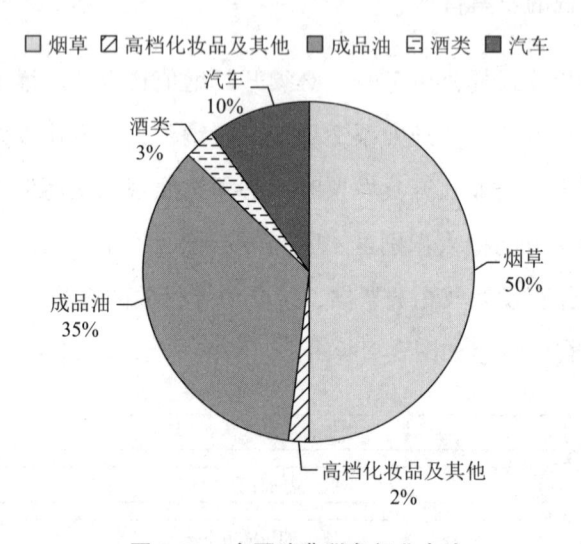

图 3-10　中国消费税各行业占比

（2）消费税的税率和计税方法

消费税的税率一般根据征税对象的不同，可以有不同的税率层级。例如，对于烟草和酒精饮品等高度消费税税目，税率较高。以烟草税为例，不同国家的税率差异较大，如图 3-11 所示。对于一些日常消费品，如燃料、化妆品等，税率较低。计税方法主要包括附加值法、单价法、数量法等。其中，附加值法是根据生产、销售或者进口环节的增值额来计算税款；单价法是根据商品或服务的售价来计算税款；数量法是根据商品或服务的数量来计算税款。不同国家和地区可能采用不同的计税方法。

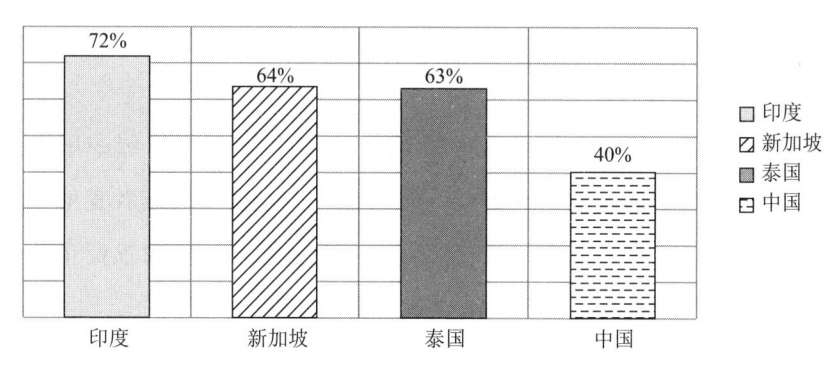

图 3-11 不同国家烟草消费税率

针对特定行业的消费税征收，也有相关规定。比如，对于烟草制品，国家规定了烟草制品消费税的计税价格和税额，并规定了烟草制品生产、批发和零售的纳税人范围和征税方式。对于酒类和汽车，也有相应的税率和征收方式规定。此外，消费税的征收还涉及跨境电商、进口消费品等方面，对于涉及这些方面的企业，需要按照相关规定进行申报和缴纳消费税。

（3）消费税的申报和缴纳

纳税人在规定的申报期内，必须按照规定向税务机关申报消费税，并按照规定的时间和方式缴纳消费税。申报和缴纳消费税的义务包括提供真实、准确、完整的申报资料，按照规定的税率和计税方法计算消费税，及时足额地缴纳税款，并接受税务机关的监督检查。

（4）消费税的税务风险防范

在生产、销售或者进口特定消费品时，企业需要确保自身符合相关的法律法规和标准，以避免涉嫌违规行为和产生不必要的税务风险。此外，企业还需要密切关注税务机关的监管和稽查情况，及时处理相关问题并提高自身的合规水平。

3.2.3 企业所得税

（1）纳税人范围

根据《中华人民共和国企业所得税法》，纳税人是指依照中华人民共和国法律规定在中华人民共和国境内具有住所、经营场所或者其他类似关系的企业、个体工商户、农村承包经营户、合伙企业、外商投资企业和其他组织。纳税人应当按照规定缴纳企业所得税。

（2）纳税人范围

企业所得税的税率分为两个档次，分别是 20% 和 25%。其中，根据 2023 年最新的规定，对于小型微利企业按 5% 的税率缴纳企业所得税。小型微利企业是指纳税年度内全年应纳税所得额不超过 100 万元，并且从事生产经营的企业或者其他组织的年度应纳税所得额不超过 300 万元，如图 3-12 所示。符合此条件的企业，可以按照 5% 的税率缴纳企业所得税。

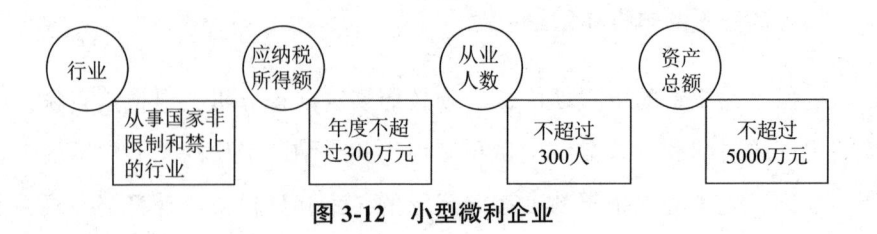

行业	应纳税所得额	从业人数	资产总额
从事国家非限制和禁止的行业	年度不超过300万元	不超过300人	不超过5000万元

图 3-12 小型微利企业

（3）纳税期限

企业所得税纳税期限一般是在纳税年度结束后的 3 个月内，也就是 3 月 31 日前要申报上一年的企业所得税。对于企业所得税的纳税申报，一般需要提交企业所得税汇算清缴申报表。如果企业有跨年度的业务，需要进行分年度申报。

（4）抵扣和减免

企业在计算企业所得税时，可以将符合条件的成本和费用进行抵扣。对于符合国家税收政策的特定企业和行业，也可以享受减免税的政策。例如，对于高新技术企业、科技型中小企业等，可以享受减免税的政策。目前，我国的企业所得税优惠政策主要包括以下几种。

第一，高新技术企业优惠。高新技术企业可以享受企业所得税的减半征收或免征政策。

第二，小微企业优惠。小微企业可以享受企业所得税减半征收或免征政策。

第三，投资优惠。企业在投资方面符合一定条件时可以享受企业所得税的减免政策。

第四，地区优惠。在一些经济欠发达地区，企业可以享受企业所得税的减免政策。

对于小型微利企业，其成本费用可以在计算应纳税所得额时按照规定的比例进行扣除，具体扣除比例由地方税务局根据实际情况确定。这也意味着，小型微利企业可以通过合理计算成本费用降低应纳税所得额，从而减少纳税金额，如图 3-13 所示。

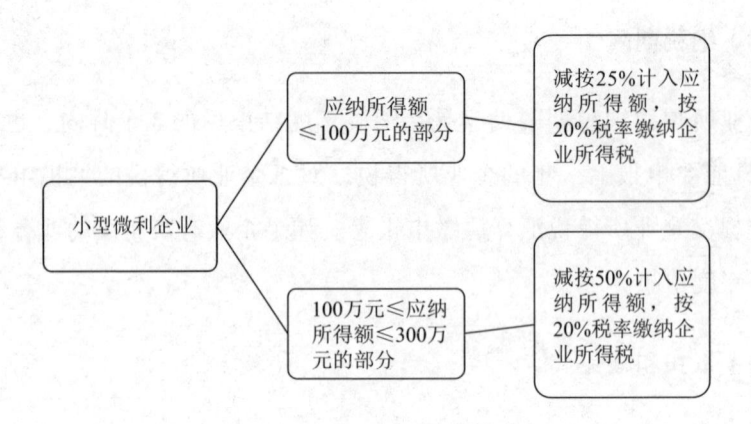

图 3-13　小型微利企业所得税减免优惠

（5）税务报表和记录

企业应当按照规定建立会计账簿和税务账簿，记录企业的财务情况和税务情况。同时，企业也需要按照规定填报税务申报表，及时准确地申报纳税信息。企业应当在规定的时间内进行企业所得税申报，其主要包括年度汇算清缴和月度预缴两种形式。税务申报需要按照规定填写企业所得税申报表，并提供相关的财务、税务资料，如图 3-14 所示。

图 3-14　企业所得税申报表

3.2.4 征收管理

征收管理是税务合规的重要组成部分,涉及税务征收的各个环节,包括税务登记、税务申报、税务稽查等。下面将详细解释税务合规中关于征收管理的相关内容。

(1)基本原则

征收管理的基本原则是依法征税、公平合理、便民利民、高效便捷,如图 3-15 所示。依法征税是指税务部门要依据税法规定进行征税,遵守法定程序,确保税款的合法性和稳定性;公平合理是指税务部门要依照法律规定对纳税人实行公平征税,不得歧视、偏袒某一特定群体;便民利民是指税务部门要为纳税人提供优质的服务,简化征税程序,方便纳税人缴纳税款;高效便捷是指税务部门要加强信息化建设,提高税务管理的效率和服务水平。

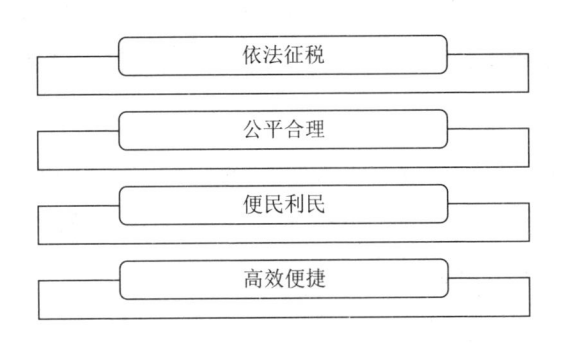

图 3-15 征收管理的基本原则

(2)核心内容

征收管理的核心内容包括纳税人资格认定、税款核定、纳税申报和税款缴纳等。纳税人资格认定是指税务部门对纳税人进行身份认证和资格审查，确认其纳税义务和纳税能力；税款核定是指税务部门根据税法规定，对纳税人的应税所得或应税销售额进行核定，确定应纳税款的数额；纳税申报是指纳税人根据税法规定，按照规定的时间、方式和内容，向税务部门报告纳税信息的行为；税款缴纳是指纳税人按照税法规定，将已经核定的税款在规定的期限内缴纳到国库中去，具体的环节如图3-16所示。

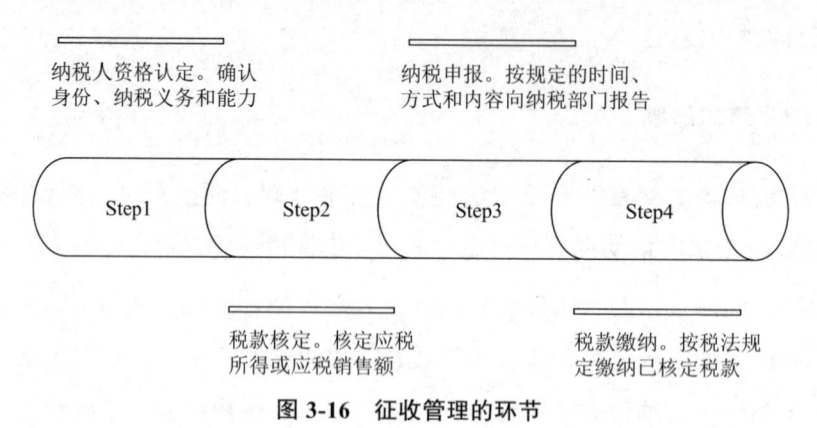

```
纳税人资格认定。确认          纳税申报。按规定的时间、
身份、纳税义务和能力          方式和内容向纳税部门报告

  Step1      Step2      Step3      Step4

  税款核定。核定应税            税款缴纳。按税法规
  所得或应税销售额              定缴纳已核定税款
```

图 3-16 征收管理的环节

（3）纳税人义务

征收管理中的纳税人义务包括自行申报、如实申报、按时缴纳税款等。自行申报是指纳税人应当自行申报其应税所得、销售额等相关信息，以便税务部门对其进行核定和征收；如实申报是指纳税人应当按照真实情况申报纳税信息，不得虚报、隐瞒或者变相减免税款；按时缴纳税款是指纳税人应当按照税法规定的时间和方式，将已经核定的税款及时缴纳到国库中去，否则将承担相应的违法违规责任和处罚。

（4）税务部门职责

征收管理中的税务部门职责包括查补征收、稽查和纳税服务等。国家税务机关对纳税人依法开展税务稽查和税务检查，查处违法行为，提高纳税人的遵守税收法律法规和政策的意识。除此之外，税收征收和管理的监督和评估是征收管理的重要环节。国家税务机关建立和完善税收征收和管理的监督和评估制度,对税收征收和管理的质量和效果进行监督和评估,及时发现问题并加以整改。

专栏 3-3

豪鹏科技:多方位合规建设

深圳市豪鹏科技股份有限公司(以下简称豪鹏科技)创立于 2002 年,公司致力于锂离子电池、镍氢电池的研发、设计、制造和销售,废旧电池回收及资源循环利用,是一家具备自主研发能力和全球市场综合竞争力的企业,能够为客户提供灵活可靠的一站式电源解决方案。公司秉承"成就客户、开放共赢、严谨务实、自我批判"的核心价值观,聚焦全球品牌商面临的挑战和压力,凭借多年的技术积累和产品研发经验,获得全球诸多知名品牌商的认可。

一、内部控制建立

2022 年公司制定与完善了《股东大会议事规则》《董事会议事规则》《监事会议事规则》《独立董事工作制度》《关联交易管理制度》《对外投资管理制度》《对外担保管理制度》《防范控股股东及关联方占用公司资金制度》等制度,进一步完善了以股东大会为最高权力机构、董事会为决策机构、监事会为监督机构、经理层及各子公司为执行机构,各司其职、各尽其责、相互协调、相互制衡的法人治理结构。公司组织架构的设置及职能的分工符合内部控制的要求。

公司董事会执行股东大会的决议,负责公司的重大决策事项,对股东大会负责,公司监事会对董事会执行股东大会决议情况、是否履行忠实及诚信义务的情况进行监督,对公司经营管理、财务活动进行监督。董事会下设战略委员会、审计委员会、提名委员会和薪酬与考核委员会四个专门委员会。公司通过制定四个专门委员会的实施细则对其权限和职责进行规范。

公司依法设立总经理职位。总经理主持公司日常生产经营和管理工作，组织实施董事会决议，对董事会负责。公司建立了以总经理领导，由副总经理、财务负责人、董事会秘书等高级管理人员组成的管理框架体系。公司对下属全资和控股子公司的经营、资金、人员、财务等重大方面，按照法律法规及其公司章程的规定，通过严谨的制度安排实施必要的管控。

二、环境合规管理

豪鹏科技重视并推进环境保护、节能降耗等工作，先后通过ISO 14001和QC 080000管理体系认证。实施环保"三同时"管理，达到或超过国家和地方相应标准。遵循《中华人民共和国节约能源法》，根据环境和职业健康管理体系目标和指标制定能耗月计划和指标，构建能源管理体系，推广利用节能新技术、新材料、新设备和先进工艺，加强宣传和各部门监督力度。严格管理原材料采购、遵守电池指令和执行工艺规程，电池产品符合RoSH（《关于限制在电子电气设备中使用某些有害成分的指令》）。同时，公司研发的产品功能具有节能环保的作用。

三、结论与启示

豪鹏科技通过建立完善的内部控制体系、健全的法人治理结构，以及严格的环境合规管理，为公司的可持续发展和合规性管理打下了坚实的基础。这些措施有助于提高公司的管理效能，降低法律风险，并增强了企业的形象和信誉。公司的专门委员会制度和管理框架体系为决策和监督提供了明确的机制，确保权责分明、相互制衡的治理模式。公司的环保工作不仅有助于保护环境，还体现了社会责任，提升了企业的社会价值。由此，我们可以总结出以下三点启示。

第一，内部控制与治理结构是关键。其他企业可以从豪鹏科技的经验中学到：建立健全的内部控制体系和明晰的治理结构对于合规管理至关重要，清晰的权责分工和监督机制有助于提高决策质量和管理效能。

第二，环境合规是责任。公司应当关注环境合规，不仅是法律要求，更是社会责任的体现。通过环保措施，企业可以提升品牌形象，减少法律风险，同时为可持续发展贡献力量。

第三，不断改进和更新。合规管理是不断演进的过程，企业应持续审查，更新制度和流程，以适应法规和市场的变化。以不断改进内部控制和治理结构，确保公司保持合规性，提高竞争力。

（资料来源：由多方资料整理而成）

3.3 税务合规体系的建设

税务合规体系的建设是指企业根据相关法律法规和税务政策，建立完善的税务管理制度和内部控制体系，保证企业在税务方面的合规运营，避免税务风险和纳税争议，从而提高企业的经营效率和竞争力。

3.3.1 税务风险管理制度

税务风险管理制度是税务合规体系的核心组成部分，它包括了企业内部的管理流程、制度和控制措施等方面，旨在帮助企业识别、评估和管理潜在的税务风险，保障企业的合规性和稳定性。下面将详细描述税务合规体系中的税务风险管理制度。

（1）税务风险管理制度的目的

税务风险管理制度的主要目的是规避税务风险，保障企业税务合规。在实际操作中，税务风险管理制度应达到以下目的，如图3-17所示。

第一，加强税务内部控制。通过建立完善的税务内部控制制度，规范企业内部的税务管理流程，加强税务内部控制，有效防范税务风险，保障企业税务合规。

第二，确保税务操作合规。通过完善的税务管理制度，规范税务操作，确保税务操作符合法律法规要求，避免因税务管理不当而造成的风险。

第三，提高税务风险意识。通过税务培训和教育，提高员工的税务意识和法律意识，降低因税务管理不当而造成的风险。

第四，有效应对税务稽查。建立税务稽查应对机制，对税务稽查进行全面的准备和规划，保障稽查工作的顺利进行，避免不必要的税务风险。

```
加强税务内部控制
确保税务操作合规
提高税务风险意识
有效应对税务稽查
```

图 3-17　税务风险管理制度的目的

（2）税务风险管理制度的内容

税务风险管理制度主要包括以下内容，如图 3-18 所示。

第一，税务管理制度。企业需要建立完整的税务管理制度，包括税务筹划、税务申报、税务复议、税务诉讼等流程，确保税务操作符合法律法规要求。

第二，税务内部控制制度。企业需要建立健全的税务内部控制制度，包括税务政策和法规的执行、税务信息的披露和报告、税务合规审计等，确保税务管理各环节的合规性。

第三，税务风险评估。企业需要通过对税务风险的评估、识别和分析，制定相应的措施，以减轻和规避税务风险。

企业需要开展税务合规培训，提高企业的合规水平。

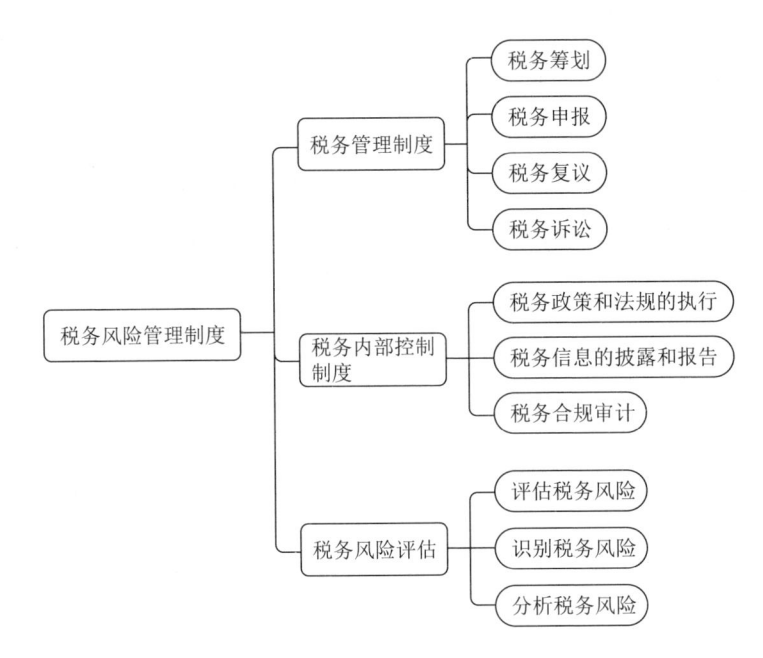

图 3-18　税务风险管理制度的内容

（3）税务风险管理制度的建设

为了有效管理税务风险，企业需要建立完善的税务风险管理制度。具体来说，税务风险管理制度的建设需要从以下几个方面入手。

第一，税务风险评估。企业需要根据自身业务特点，对税务风险进行全面评估，确定风险的类型、风险的来源和风险的程度。

第二，税务风险预警。企业需要建立风险预警机制，及时了解税务政策和法规的变化，对可能引发风险的事项进行及时预警。

第三，税务风险管理组织。企业需要设立专门的税务风险管理组织，明确责任人员，负责税务风险管理的规划、实施和监督等工作。

第四，税务风险管理流程。企业需要建立税务风险管理流程，明确各项风险管理措施的实施程序和具体的操作方法。

（4）税务风险管理措施

企业需要采取一系列的措施来管理税务风险。具体的税务风险管理流程如图 3-19 所示。

第一，建立税务合规意识。企业需要树立税务合规意识，加强对税法、税务政策的学习和了解，规范税务管理行为，避免因疏忽或误解而引发税务风险。

第二，建立内部控制制度。企业需要建立健全的内部控制制度，明确各部门职责和权限，加强对财务和税务数据的监管，及时发现和解决问题，防范风险。

第三，建立税务风险管理档案。企业需要建立完善的税务风险管理档案，记录企业的税务风险评估、风险预警、风险管理流程和措施等信息，为以后的管理提供依据。

第四，建立应急预案。企业需要根据税务风险的不同类型，建立相应的应急预案，及时应对紧急情况，降低风险带来的影响。

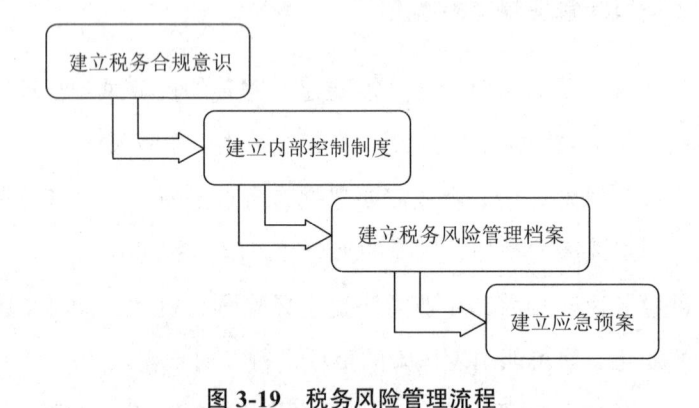

图 3-19　税务风险管理流程

3.3.2　税务风险识别与评估

为了实现税务合规，企业需要建立完善的税务合规体系，其中税务风险识别与评估是税务合规体系中的重要环节。税务合规体系中的税务风险识别与评估是指企业在经营过程中，通过识别和评估税务风险，采取相应的防范和控制措施，避免或减少税务风险对企业经营的不利影响。

（1）税务风险识别

税务风险识别是指企业通过对税务政策、税收法规、税务操作流程等方面进行分析，发现潜在的税务风险。税务风险识别需要依赖于企业的内部控制制度和管理水平。由此，企业需要建立健全的内部控制制度，通过制定完善的会计核算制度和财务报表制度等，保证企业的财务信息真实、准确、完整。此外，企业还需要建立健全的内部审计机制，定期对税务管理情况进行评估和审计，发现问题及时处理和解决。税务风险主要包括以下几个方面。

第一，税务法规风险。企业需要时刻关注税法变化，了解最新的税收政策和税法规定，以及政策的适用范围、限制条件等。对企业可能产生的影响进行评估，避免因为政策和法规变化而带来的税务风险。

第二，税务管理风险。企业需要关注自身的税务管理制度是否健全，是否能够有效避免税务违法风险。分析企业的业务模式和组织结构，了解企业自身的税务风险点，制定相应的预防和处理措施。

第三，会计核算风险。企业需要确保会计核算准确无误，避免会计处理不当导致的税务风险。

第四，财务报表风险。企业需要确保财务报表真实、准确，避免因财务报表不合规而引发税务风险。

第五，税务稽查风险。企业需要注意税务稽查风险，了解税务稽查的重点领域、流程和要求等。

在进行税务风险识别时，企业需要对企业的财务会计、税务筹划、税务申报、税务稽查等方面进行全面的分析和审查。企业可以采取以下几种方式进行税务风险识别。

第一，审查企业的财务会计制度和财务报表，发现可能存在的税务风险。

第二，审查企业的税务筹划方案和税务申报表，发现可能存在的税务风险。

第三，审查企业的税务稽查情况，发现可能存在的税务风险。

第四，了解行业的相关税收政策和规定，分析可能带来的税务风险。

（2）税务风险评估

税务风险评估的主要目的如下。

第一，识别和量化税务风险的程度和重要性。

第二，评估税务风险对企业的影响程度。

第三，制定适当的应对措施，降低税务风险的风险程度和影响程度。

根据风险的严重程度划分为不同等级，通常是分为高、中、低三个等级。划分等级主要依据风险可能造成的影响程度，如罚款、补税、税务诉讼、信用风险等，同时也要考虑到企业的经营特点、税务风险历史等因素。评估的过程主要包括以下几个步骤。

第一，确定评估标准。企业可以根据自身的情况，制定符合自己需求的评估标准。评估标准主要包括税务风险的影响程度、风险发生的可能性、风险发生的频率等。

第二，制定评估模型。企业可以根据评估标准制定评估模型。评估模型可以基于定量或定性的方法，例如利用数据分析、统计方法进行定量评估，或利用专家意见、经验等进行定性评估。

第三，评估风险等级。根据评估模型，对潜在的税务风险进行评估，确定其风险等级。通常采用颜色标识或数字标识来表示风险等级。例如，红色表示高风险、黄色表示中等风险、绿色表示低风险等。

在税务风险评估过程中，企业需要了解税收政策、税法法规、税务审计等方面的信息，同时还需要了解行业的相关规定和标准，比如会计准则等。企业还需要对自身的税务管理制度、会计核算制度、财务报表等方面进行评估，确保自身制度的完备性和合规性。此外，企业还需要关注税务稽查的情况，了解税务稽查的内容和要求，及时采取措施应对可能出现的税务风险。

税务风险评估主要包括以下几个方面（见图 3-20）。

```
┌──────────────┐    ┌──────────────┐
│  风险概率评估  │    │  风险影响评估  │
└──────────────┘    └──────────────┘

┌──────────────┐    ┌──────────────┐
│  风险等级评估  │    │  风险监控计划  │
└──────────────┘    └──────────────┘

       ┌──────────────┐
       │  风险管理计划  │
       └──────────────┘
```

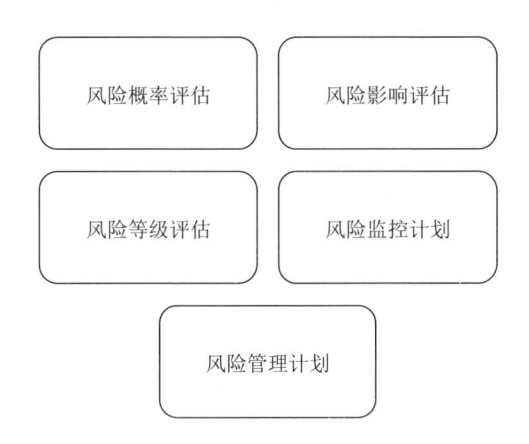

图 3-20　税务风险评估主要内容

第一，风险概率评估。对发现的潜在税务风险进行概率评估，确定发生的可能性。

第二，风险影响评估。对发现的潜在的税务风险进行影响评估，确定其可能的影响程度和影响范围，并根据风险等级制定相应的管理措施。

第三，风险等级评估。对发现的潜在的税务风险进行等级评估，根据风险的重要性和可能带来的影响程度，将风险划分为高、中、低三个等级。

第四，风险监控计划。制定具体的监控措施，对重要的税务风险进行监控和跟踪。

第五，风险管理计划。制定具体的应对措施，对不同等级的税务风险进行风险管理和控制。

3.3.3 税务风险管理

税务风险管理是指根据税务风险识别和评估结果，制定相应的措施，降低税务风险的程度和影响程度，确保企业的税务合规性。税务合规体系中的税务风险管理是指在识别和评估税务风险的基础上，采取有效的控制措施，降低或消除潜在的税务风险。目前应用的税务风险管控系统如图 3-21 所示。

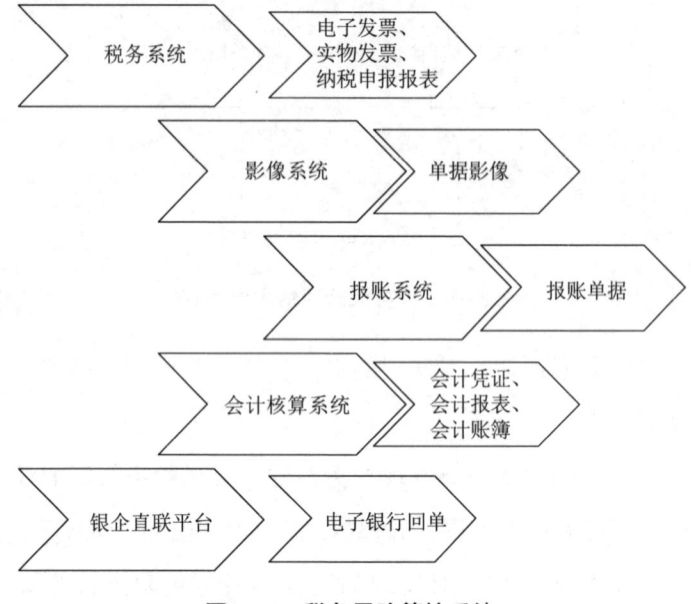

图 3-21 税务风险管控系统

（1）税务风险管理措施

第一，完善企业内部控制制度。企业应建立健全的内部控制制度，制定清晰的流程和标准，确保税务合规和风险管理。例如，建立审批制度、财务报告制度等。

第二，建立风险预警机制。例如，建立风险管理委员会、建立风险排查机制等。

第三，加强内部培训和教育。企业应加强内部培训和教育，提高员工的税务合规意识，掌握税务合规相关知识，避免因为不了解相关法规和规定而导致的税务风险。

第四，加强合规审查。企业应加强合规审查，对税务合规的相关文件进行审查，确保其符合相关法规和规定。例如，对合同、财务报表等进行审查。

第五，建立信息披露机制。企业应建立信息披露机制，及时向税务机关和其他相关部门披露税务信息，确保企业的税务合规。

为了实现税务风险管理，企业需要建立完善的内部控制制度，确保内部控制的有效性和合规性。企业还需要加强内部审计工作，定期进行税务合规性审核，发现问题及时处理和解决，配合当时的税务控制环境来决定自己的措施。

（2）税务风险管理流程

第一，风险识别。风险识别是税务风险管理的第一步，是发现潜在的税务风险，包括税务法规的不规范、操作风险、信息系统风险等。企业可以通过制定内部控制制度、风险管理政策等措施，对可能存在的风险进行预警和识别。

第二，风险评估。风险评估是对风险进行定性和定量评估，以确定其重要性和可能带来的影响程度。评估的结果用于制定相应的管理策略和措施。

第三，风险管理。风险管理是采取措施、方法和手段，降低、控制或避免潜在税务风险的发生。具体措施包括制定完善的风险管理制度、加强内部控制、落实风险管理责任、加强员工培训和意识教育等。企业需要建立完善的税务风险控制机制，制定详细的操作规程，对税务风险进行有效控制。

第四，风险监控和反馈。风险监控是对已采取的风险管理措施的实施效果进行监控和评估，及时发现风险隐患并及时处理。对于已经发生的税务风险，企业需要及时采取应对措施，减轻风险的影响。反馈是指将监控结果向管理层进行反馈，以及通过对监控结果的分析，对风险管理制度进行更新和优化。企业需要建立完善的税务风险监控机制，及时发现新的税务风险，并采取相应的应对措施。很多企业会选择一站式企业合规来解决税务风险管理事务，如图3-22所示。

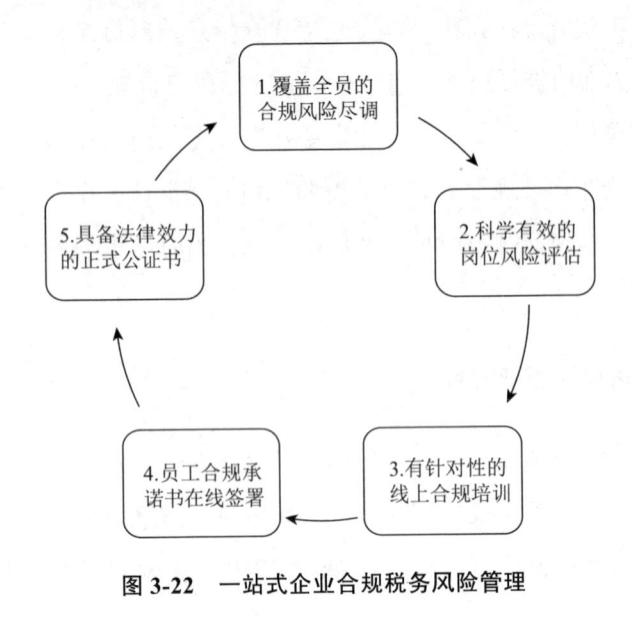

图3-22 一站式企业合规税务风险管理

流程：1.覆盖全员的合规风险尽调 → 2.科学有效的岗位风险评估 → 3.有针对性的线上合规培训 → 4.员工合规承诺书在线签署 → 5.具备法律效力的正式公证书

专栏3-4

隆基绿能：合规管理体系

隆基绿能科技股份有限公司（以下简称隆基绿能）成立于2000年，致力于成为全球最具价值的太阳能科技公司。隆基绿能以"善用太阳光芒，创造绿能世界"为使命，秉承"稳健可靠、科技引领"的品牌定位，聚焦科技创新，构建单晶硅片、电池组件、分布式光伏解决方案、地面光伏解决方案、氢能装备五大业务板块。形成支撑全球零碳发展的"绿电"+"绿氢"产品和解决方案。

一、上下一题合规管理

提升依法治企能力和合规管理能力，维护和提升良好声誉及品牌价值，主要通过完善合规制度体系、合规风险识别、评估及预警机制，以及合规风控信息上报机制实现。管理层对合规进行承诺，隆基人始终秉持"可靠、增值、愉悦"的核心价值观，对"可靠"的践行必然离不开诚信合规的工作环境与商业环境，"全员合规、合规创造价值"是隆基绿能管理层一直秉持的合规理念。

隆基绿能在《商业行为准则》中列出了合规方面所致力于承担的基本原则和责任，适用于隆基绿能的所有董事、高级管理人员及员工。对隆基绿能而言，实现最终的商业价值固然重要，但实现的过程与所采用的方式也同样重要。隆基绿能要求所有员工各担其任、各负其责，并将《商业行为准则》内化于心、外化于行，有必要在任何情况下，均采取符合隆基绿能核心价值观的行为准则，维护隆基绿能、各位隆基人及利益相关方的利益和荣誉。

二、建立管理保障措施

建立合规风险考核管理、合规风控文化培训、合规风控数字化建设等管理保障措施，全面推进隆基绿能合规风控管理，突出重点领域、重点环节和重点人员，切实防范合规风险。隆基绿能建立了一套完整的合规体系，针对反贿赂合规、贸易合规、反垄断合规等方面都有相应的制度管理企业的合规内容。

第一，反贿赂合规。隆基绿能建立并完善反贿赂管理体系，并确保体系有效地预防、监测与应对贿赂。反贿赂管理体系的核心要素包括但不限于高层的高度重视、健全的反贿赂合规组织、充分的资源投入、系统的风险评估、全面的合规政策体系、有效的流程管控、全方位的培训与沟通、持续的监督与改进等。

第二，贸易合规。为确保贸易合规政策及计划的落地，隆基绿能将外部法律法规的要求转化为内部管理制度与流程，实现关键业务流程的贸易合规管理与监督。严格遵从贸易合规的要求，隆基绿能通过向公司全员、供应商进行包括行为准则、贸易合规管理制度等的宣贯，提升公司全员的贸易合规意识，明确对供应商的贸易合规要求。同时，隆基绿能通过对贸易合规管理体系的不断优化确保贸易合规管理工作的持续有效性。

第三，反垄断合规。为保证不同业务场景下的反垄断合规，隆基绿能制定并更新《反垄断合规管理办法》及手册，向公司全员明确了隆基绿能的反垄断合规要求，以及在不同业务场景下的反垄断合规注意事项，包括禁止任何违反业务所在地反垄断法或不正当竞争法的行为及在股权和资产交易中应注意的经营者集中申报义务等。隆基绿能还制作反垄断合规宣贯线上课程，供公司全员学习并要求关键岗位人员须全部通过反垄断合规测试，确保宣传的有效性。

三、结论与启示

隆基绿能在合规管理方面表现出极高的重视和承诺，以"善用太阳光芒，创造绿能世界"的使命为引领，秉承"稳健可靠、科技引领"的品牌定位，构建了完善的合规体系，确保企业的可靠、诚信和合法经营。从中，我们可以得出以下启示。

第一，依法治企与合规管理至关重要。隆基绿能的成功说明了合规管理对企业的重要性。依法经营、遵守法规和规章制度是企业持续发展的基础。其他企业可以从隆基绿能的做法中学习，提升合规管理能力，以保护企业声誉和品牌价值。

第二，建立全员合规文化。隆基绿能强调全员合规意识，通过培训和沟通，确保员工了解并遵守合规政策。全员参与合规，能够降低合规风险，增强企业的整体稳健性。

第三，制定明确的合规政策和流程。建立明确的合规政策和流程，有助于规范企业行为，降低风险。企业要不断更新和优化这些政策和流程，以适应不断变化的法规环境，这是保持合规的关键。

（资料来源：由多方资料整理而成）

3.3.4 税务筹划

税务筹划是企业税务管理体系的一个重要环节，通过合法的手段，优化企业财务结构和业务流程，降低企业税负，从而增强企业的竞争力和可持续发展能力。税务筹划是指通过合法的手段，运用税收政策的灵活性和优惠政策，以达到减轻纳税负担的目的，同时保证企业的税务合规性，以此来增强企业的竞争力。税务筹划需要考虑税收政策、法规变化、企业经营特点和财务状况等因素，从而制订出最佳的税务筹划方案。

（1）税务筹划在税务合规体系建设中的作用

第一，降低企业税负，提高企业效益。税务筹划通过合法的方式减少企业的税负，降低企业成本，提高企业效益。

第二，避免税务风险和纳税争议。税务筹划需要考虑税收政策和法规的变化，规避税务风险和纳税争议，从而保证企业的税务合规性和稳定性。

第三，提高税务管理效率和风险控制能力。税务筹划需要对企业的税务管理和风险控制进行综合考虑，制订出最优的税务筹划方案，从而提高企业的税务管理效率和风险控制能力。

（2）税务筹划的内容

第一，合理利用税收政策。企业可以通过合理利用各种税收政策和法规，减少税负，如通过申请税收优惠、抵扣和退税等方式减少企业税负。

第二，合理利用财务管理。企业可以通过优化财务结构、降低资本成本和融资成本，以及合理安排财务流动性，减少税负。

第三，合理利用公司组织架构。企业可以通过合理调整公司组织结构，优化企业资源配置和业务流程达到税务优惠和减税的目的。

第四，合理利用国际税收政策。企业可以通过在海外设立子公司或分支机构，以达到减税的目的，同时还需要遵守当地的税收政策和法规。

第五，合理利用税务风险管理。企业可以通过合理管理税务风险、规避税务风险和纳税争议保证税务合规性。

（3）在进行税务筹划时，企业的注意事项

第一，税务筹划应当合法合规。企业需要遵守税法，不能利用非法手段来减少税负。税务筹划需要符合企业的税务合规体系，遵守相关的税收法规和政策，保证税务合规性、避免税务风险和纳税争议。

第二，税务筹划需要考虑全面性和长远性。企业需要考虑到税务筹划的全面性和长远性，不能只为了短期利益而做出不良决策。

第三，税务筹划需要科学可行。企业需要通过科学的方法和分析，制订出合理的税务筹划方案。税务筹划需要考虑税务管理流程，包括企业的纳税申报、缴税和退税等流程，避免税务管理流程中的不合规行为。

第四，税务筹划需要注意风险控制。企业需要注意对税务风险的控制，避免因为税务筹划而引起的税务风险和纳税争议；需要遵循税收法规和政策，避免被视为偷税漏税。税务筹划需要考虑国家和地方的税收政策，包括税收优惠政策、税收减免政策、税收调整政策等方面，以达到减少企业税负的目的。

第五，筹划需要与企业战略相匹配。税务筹划应当与企业的战略和目标相匹配，符合企业的经营需要，避免对企业的正常经营造成影响。同时，税务筹划需要考虑企业的财务状况，包括企业的资产负债情况、利润水平、经营特点等方面，以制订出最佳的税务筹划方案。

第六，税务筹划需要与企业形象相符。税务筹划需要符合企业形象，符合企业的社会责任和商业道德，不会对企业声誉造成负面影响。

篇末案例

同仁堂：高效的合规体系

医药行业包括制药、医疗设备、生物技术和医疗保健服务等领域，涵盖了从研发到销售的各个环节。由于医药产品和服务的特殊性，涉及众多国际法规和伦理规范，因此合规性问题变得尤为复杂。医药行业合规问题具有挑战性，但它们是确保患者安全和药物有效性的关键。合规性不仅影响公司的声誉，还会对其法律责任和经济利益产生深远影响。因此，医药公司必须不断努力以确保它们在这个复杂而高风险的领域中合法合规地运营。为了解决这些合规问题，医药公司需要建立健全的内部合规体系，定期进行培训和审查，并与监管机构保持紧密的合作。这样，它们才能在坚守伦理和法规的同时，为患者提供高质量的医疗产品和服务。

一、公司简介

中国北京同仁堂（集团）有限责任公司（以下简称同仁堂集团）是中国一家知名的中药企业，总部位于北京。该集团成立于1669年，拥有悠久的历史和丰富的中药制造经验。1992年同仁堂集团组建并于2001年改制为国有独资公司，同仁堂集团坚持以中医中药为主攻方向，目前在经营格局上形成了以制药工业为核心，以健康养生、医疗养老、商业零售、国际药业为支撑的五大板块，构建了集种植（养殖）、制造、销售、医疗、康养、研发于一体的大健康产业链条。国际市场领先的双语法律月刊《商法》2023年度"企业法务大奖"评选结果公布同仁堂集团法律合规部（品牌风控部）脱颖而出，荣获此次大奖，被评选为医疗保健及制药行业优秀法务团队。同仁堂集团法律合规部（品牌风控部）发扬同仁堂"仁德"精神，秉持同仁堂"诚信"理念，深耕专业，勤勉尽责，团结协作，开拓创新，走出了一条集传统中医药老字号品牌保护与现代健康产业企业风险管理于一体的特色法务之路，有力保障和推动了集团现代化管理和高质量发展。

二、合规管理实施及其效果

同仁堂集团在合规管理方面展现出了坚定的决心和积极的行动，其通过塑造合规文化、建立合规管理体系，以及强化内部控制等措施，有力保障了企业的合法合规经营，提高了管理水平，推动了现代化管理和高质量发展。

（一）合规文化的塑造

同仁堂集团的法律合规部注重企业合规文化的塑造，弘扬"仁德"精神和秉持"诚信"理念。在法律合规工作中强调道德和诚信，将这些价值观融入合规管理的方方面面。合规文化的塑造有助于建立企业的良好声誉，还为员工提供了明确的行为准则，确保他们在经营活动中遵循高道德标准。同仁堂集团在合规管理方面采取了一系列措施，建立了完善的管理体系。这包括制定合规政策、规范合规流程和加强内部控制等。其中，制定合规政策能够确保员工明白法律法规和公司的合规要求，规范合规流程有助于确保合规操作，而加强内部控制则提高了财务透明度和风险管理。这些措施共同构建了一个稳健的合规管理框架，有助于确保企业的经营活动合法合规，降低了法律和经营风险。

（二）同仁堂集团的管理提升

同仁堂集团在管理提升方面的合规管理建设是一个全面的战略举措，

旨在确保公司在法律法规、质量和风险管理等方面具备高度的合规性。这不仅有助于保护公司的声誉和可持续性，还能提高企业的管理水平和经营效率。通过不断改进和学习，同仁堂集团能够适应不断变化的市场环境和法规要求，确保其在竞争激烈的行业中持续成功。这种合规管理文化不仅有益于企业自身，还有助于塑造行业的诚信和可持续发展。

第一，建立对标提升行动和成功经验的长效机制。同仁堂集团意识到持续学习和改进的重要性，为此，他们建立了对标提升行动和成功经验的长效机制，并对业内优秀企业的成功经验进行研究和借鉴，以应用到自身的管理实践中。通过与其他行业领先企业的比较，同仁堂集团能够更好地识别和改进自身的合规管理实践。这种学习和改进的文化有助于确保企业在不断变化的法规环境中保持合规性，提高管理水平。

第二，全面加强内控体系建设和子公司管控。同仁堂集团采取了措施来全面加强内控体系建设和子公司管控。这包括强化财务内部控制、风险管理和合规审计等方面。通过加强子公司管控，确保各子公司的经营活动遵守法律法规，降低法律风险。同时，内控体系的加强有助于确保公司的财务报告的准确性和透明度，进一步提高合规性。

第三，推动品质和风险管理的提升。同仁堂集团在质量管理和风险管理方面采取了一系列措施。首先，他们加强了质量全过程管理，特别是在配方研制、工艺开发和标准制定等方面，以确保产品的质量符合标准和法规。其次，通过完善风险防控机制，公司能够更好地识别、评估和管理潜在风险。这包括建立重大风险管理、内控管理和诚信合规管理体系，以及实施经济责任审计等方式来监督和改进管理实践。

（三）注重员工合规培训

同仁堂集团注重对员工的合规培训，提高员工的合规意识和能力。同仁堂集团举办诚信合规训练营，以同仁堂集团诚信合规管理体系建设路径和重点问题研究为主题，邀请合规专家以理论与案例相结合的方式，围绕诚信合规管理的通用知识和同仁堂集团诚信合规管理体系进行了深入浅出的讲解，尤其是"边教边练"的教学引导大家学习诚信合规实操技能，并取得了良好的培训效果。

三、结论与启示

同仁堂集团在合规管理方面的努力有力地保护了企业的声誉，降低了法律和经营风险，促进了高质量发展，这些举措使同仁堂集团能在竞争激烈的市场中脱颖而出。从同仁堂集团在合规管理方面的经验中，可以得出以下启示。

第一，诚信合规文化的重要性。同仁堂集团的成功案例强调了企业建立和弘扬诚信合规文化的重要性。这种文化不仅有助于确保员工遵守法律法规，还有助于维护企业的声誉和品牌价值。诚信合规文化应该贯穿企业的方方面面，成为员工行为的指导原则。

第二，内部控制和风险管理的关键作用。同仁堂集团通过全面加强内部控制和风险管理，提高了财务透明度，降低了法律和经营风险。这表明企业在合规管理方面应该注重内部控制的建设和风险管理的优化，以确保经营活动的稳健和合规性。

第三，员工合规培训的必要性。同仁堂集团注重员工合规培训，这有助于提高员工的合规意识和能力。合规培训是确保员工了解并遵守合规政策和程序的关键手段，应该成为企业合规管理的重要组成部分。通过不断的培训和教育，可以建立起更为合规的企业文化。

（资料来源：由多方资料整理而成）

本章小结

①税务合规的基本原理。介绍税务合规的渊源、基本原则和要素，帮助读者建立正确的税务合规观念和理念。

②企业税务风险分类和应对措施。介绍企业税务风险的分类和应对措施，帮助企业了解风险的来源和性质，采取有效的措施降低税务风险。

③相关规定。介绍增值税、消费税、企业所得税、征收管理等方面的相关规定，帮助企业了解税收政策和法规。

④税务合规体系的建设。介绍税务合规体系的建设方法和实施步骤，包括税务风险管理制度、税务风险识别与评估、税务风险管理和税务筹划等方面的内容，帮助企业建立完善的税务合规体系，规范税务行为，降低税务风险。

第 4 章

企业财务管理、公司治理与合规审计

在现代商业环境中，企业财务管理扮演着至关重要的角色。企业财务管理、公司治理与合规审计是企业在运营过程中对财务资源进行规划、组织、控制和监督的全过程。其主要目标是确保企业财务活动的高效和合规，并最大限度地提高财务利润。在财务管理的范畴内，企业必须考虑融资、投资、预算、会计、风险管理和资本结构等方方面面的问题。而在保障企业合规方面，公司治理发挥着关键作用。公司治理指在一家公司内部制定和实施决策的方式和规则，以确保公司管理层和董事会的行为符合股东利益和法律规定。它构建了一个内部控制系统，以确保公司运作的合规、透明和有效性。在企业合规的要求下，公司治理成为确保企业管理层和董事会行为合乎法规和股东利益的重要流程和制度。除了财务管理和公司治理，企业合规审计也是不可或缺的环节。

开篇案例

华为：完美的合规管理

信息通信技术（ICT）领域包括以电信和计算机为基础的硬件和软件技术，包括互联网、云计算、人工智能、物联网等尖端科技。技术革新如5G、人工智能等推动ICT发展的同时也提出更高要求。国家政策对ICT领域给予重视，扶持其创新和发展。ICT在社会各个领域产生影响，也引来挑战，如数据安全和隐私保护等，法规合规在ICT领域中占有重要地位。随着ICT应用的广泛扩张，涉及的数据和信息也在暴增。这些数据的储存、处理和传输都必须遵守相应的数据保护法规。

一、公司简介

华为成立于1987年，是全球领先的信息与通信技术解决方案供应商。华为专注于ICT领域，在电信运营商、企业、终端和云计算等领域构筑了端到端的解决方案优势，为运营商客户、企业客户和消费者提供有竞争力的ICT解决方案、产品和服务。只要有人、有业务的地方就要有合规管理，合规必须融入业务里头去。华为的管理提倡把所有的权力交给一线，同时把监督也压到一线去，做到自查自纠。

二、合规管理实施及其效果

坚持诚信经营、恪守商业道德、遵守所有适用的法律法规是华为管理层一直秉持的核心理念，华为长期致力于通过资源的持续投入建立符合业界最佳实践的合规管理体系，并坚持将合规管理端到端地落实到业务活动及流程中。

(一) 合规组织与流程管理

华为的合规管理体系呈金字塔状，顶尖为首席合规官，统一管理公司合规并向董事会汇报。该体系的流程追求持续优化，包括识别与评估风险，设定合规目标，制定相应的管控措施并落实到业务活动及流程中。为强化合规文化，华为重视并持续提升员工的合规意识及能力，通过培训、宣传、考核、问责等方式，员工了解了公司和个人的合规遵从义务和责任。此外，华为以积极、开放的姿态，与利益相关方，如客户、合作伙伴及各国政府监管机构展开沟通与合作，持续增强彼此的理解与互信。

(二) 合规重点领域

华为在反商业贿赂合规、贸易合规、金融合规、网络安全与隐私保护、知识产权与商业秘密保护方面进行了一系列的合规管理。

第一，反商业贿赂合规。华为认为商业腐败行为影响市场公平竞争，对社会、经济及企业的自身发展都有十分恶劣的影响。因此，华为坚持诚信经营，恪守商业道德，遵守业务所在地所有适用的反商业贿赂法律法规，对腐败行为持"零容忍"态度。华为在集团各BG（事业群）、BU（业务部门）、FU（功能部门）等均指定了关键角色，并在子公司设立反商业贿赂合规组织，有效承接反商业贿赂合规职能，支撑反商业贿赂合规体系运作。

第二，贸易合规。华为长期致力于遵从业务所在国所有适用的法律法规，包括中国、美国、欧盟等国家和地区适用的出口管制和制裁法律法规。经过超过十年的持续投入和建设，华为已经具备了一套成熟、可持续并符合业界实践的贸易合规内部遵从体系。华为持续提升员工的贸易合规意识，华为员工每年必须签署《商业行为准则》，其中包括承诺遵守相关出口管制法律法规。此外，华为在全公司范围为管理层和员工提供各种形式的贸易合规培训，并结合具体业务场景有针对性地赋能，使员工充分了解公司和个人在出口管制上的义务和责任。

第三，金融合规。华为切实履行自身的法律义务与社会责任，重视对金融制裁、反洗钱、反恐怖主义融资等金融合规风险的管理，持续建设金融合规文化，强化员工金融合规意识。华为基于国家、客户、交易类型等要素管理金融合规，在采购、销售和资金流程中嵌入关键控制点，并持续优化IT系统，实现对各业务领域事前、事中和事后的金融合规管控。

第四，网络安全与隐私保护。华为设立全球网络安全与用户隐私保护委员会，作为公司的最高网络安全与隐私保护管理机构，负责决策和批准公司总体网络安全与隐私保护战略；任命全球网络安全与用户隐私保护官，负责领导团队制定网络安全与隐私保护战略和政策，管理和监督网络安全与隐私保护在各体系、各区域、全流程的实施，积极推动与政府、客户、消费者、供应商、合作伙伴、员工等各利益相关方的沟通；设立全球网络安全与用户隐私保护办公室，协助全球网络安全与用户隐私保护官（GSPO）完成战略及政策的制定和落地执行。

第五，知识产权与商业秘密保护。持续创新是华为基业长青的基石，华为注重对自有知识产权和商业秘密的保护，同时也尊重他人知识产权和商业秘密，禁止员工不当获取、不当披露、不当使用及不当处置他人商业秘密。华为设立面向全公司的商业秘密保护合规RCO，制定商业秘密合规政策、制度与流程，协助并指导各业务部门开展商业秘密合规工作。公司信息安全与商业秘密保护部作为商业秘密保护合规的支撑组织，负责保障公司商业秘密保护从氛围、流程到问责整体机制的落地，并通过各业务领域、区域合规组织落实保护他人商业秘密的合规管理要求。

（三）商业伙伴合规

华为的商业伙伴合规管理是一个全面的、系统化的过程，旨在确保与供应商和合作伙伴的合作始终符合法律法规，并遵守公司的合规要求。这些措施有助于维护公司的声誉，降低潜在的法律和道德风险，同时也促进了其与伙伴之间的互信和长期合作。

第一，供应商合规管理。华为要求供应商合规运营，遵守供应商社会责任行为准则和诚信廉洁承诺。华为鼓励供应商进行合规管理体系建设并构筑合规专业能力，向供应商传递合规要求，开展尽职调查，停止与不合规、不诚信供应商的合作。

第二，合作伙伴合规管理。华为重视对各类合作伙伴的合规管理，将合规要求纳入合作伙伴管理政策，并嵌入合作伙伴认证体系，要求各类合作伙伴学习和签署行为准则，牵引合作伙伴提升合规管理能力。对合作伙伴进行适当的尽职调查及真实性验证，鼓励违规举报，处罚合作伙伴违规行为，停止与不合规、不诚信合作伙伴的合作。

三、结论与启示

华为企业合规体系展示了其在多个重要领域的承诺和坚决意愿，这对维护公司的声誉、降低潜在风险、促进可持续发展具有重大意义。通过首席合规官的领导，华为在反商业贿赂、贸易、金融、网络安全与隐私保护、知识产权与商业秘密保护等方面建立了强大的合规框架。这为其他企业的合规管理提供了宝贵的经验。

第一，强调领导层的重要性。首席合规官在公司合规文化中的领导作用至关重要。公司高层的坚定承诺和领导可以推动合规政策的有效实施。

第二，多领域合规。在现代商业环境中，涉及多个合规领域是不可避免的。公司需要制定综合性的合规策略，以确保在各个方面都遵守法律法规。

第三，合作伙伴管理。与供应商和合作伙伴的合规管理同样重要。建立合作伙伴的合规要求，并进行尽职调查和验证，有助于降低风险，并维护公司的声誉。

（资料来源：由多方资料整理而成）

4.1 企业财务管理

企业财务管理是指企业在运营过程中,对财务资源进行规划、组织、控制和监督的过程。它的目的是确保企业财务活动的有效性和合规性,同时最大限度地提高企业财务利润。在财务管理中,企业需要考虑如何融资、投资、预算、会计、风险管理和资本结构等方面的问题。

4.1.1 健全企业合规管理体系

企业合规管理体系是指企业在法律、法规、规章制度和行业规范等方面合规经营的管理框架。健全企业合规管理体系有助于企业遵守法律法规,降低企业的合规风险,提高企业的经营效率和竞争力。建立和健全企业合规管理体系是企业财务管理的重要组成部分,其对于保障企业的合法经营和发展至关重要。合规管理体系建立的全流程如图4-1所示。

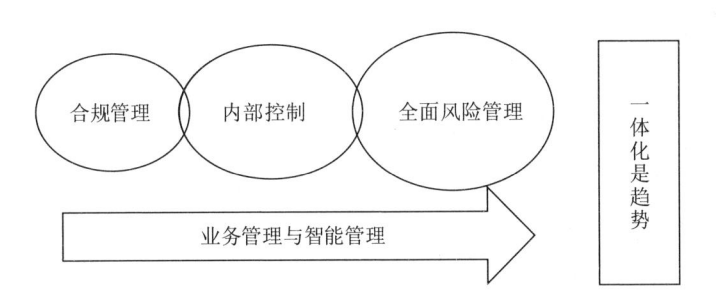

图 4-1 合规管理体系建立的全流程

以下是建立和健全企业合规管理体系的几个关键步骤。

(1)制定合规管理制度和程序

企业应根据自身特点和业务需求,制定符合法律法规和行业规范要求的合规管理制度和程序。这些制度和程序应包括合规风险评估、合规培训、合规监控、合规报告等环节。这些制度应当与企业的核心价值观和业务战略相一致，同时满足法律法规和行业标准的要求。

（2）配置合规管理人员

企业应配备专门负责合规管理的人员，包括合规主管、合规官等。这些人员应具有合规管理专业知识和经验，并能够有效推进合规管理工作。

（3）提高员工合规意识

企业应加强对员工的合规教育和培训，提高员工的法律法规意识和风险防范意识。企业可以通过内部培训、外部培训和考核等方式，促进员工的合规意识和行为。同时，企业还可以定期组织模拟演练、风险评估等活动，检验合规管理的有效性。企业高层管理人员应当重视合规管理，将其纳入企业战略规划和日常管理中；应当树立合规意识，为员工树立榜样，确保公司合规文化的建立。

（4）加强合规监控和评估

企业应建立健全的合规监控机制，对企业的合规风险进行监测和评估。企业可以利用内部控制、风险管理和审计等方式，加强对企业合规管理的监督和评估；还可以通过外部审计、监督机构的评估等手段，对合规管理体系进行评估和提升。

（5）加强合规宣传和沟通

企业应及时向内部员工和外部合作伙伴宣传企业的合规管理制度和程序，并及时进行合规信息公示和沟通。企业应加强与监管机构和社会公众的合规沟通，建立企业公民意识和社会责任感。

（6）建立违规处理机制

企业需要建立健全的违规处理机制，明确违规行为的处理程序和责任，保障合规管理的有效性和严肃性。同时，企业还需要定期对合规管理进行稽核和评估，发现合规管理中存在的问题和不足，并及时进行改进和完善。

企业应该把合规管理作为企业治理的重要组成部分，建立健全的合规管理体系，以确保企业合规运营，提高企业的竞争力和可持续发展能力。很多企业实行了一体化的风险内控合规，如图 4-2 所示。

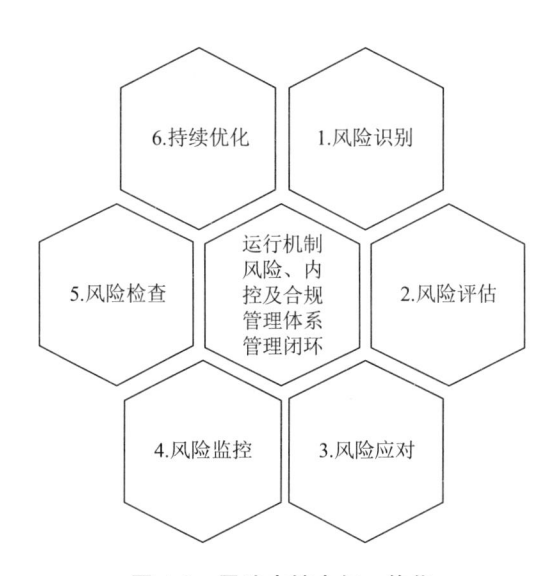

图 4-2 风险内控合规一体化

4.1.2 基于业务发展的财务合规管理

基于业务发展的财务合规管理是指企业根据业务发展需要，在财务管理中融入合规管理要求，以确保企业在业务拓展过程中能够遵守相关法律法规，规避合规风险，提升企业信誉度和可持续发展能力，在建设财务系统的过程中，需要考虑合规的问题，如图 4-3 所示。

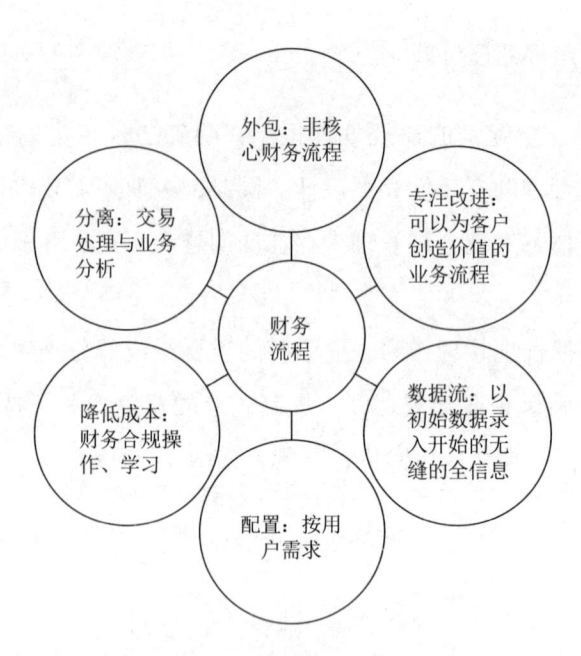

财务流程中各要素:
- 外包:非核心财务流程
- 专注改进:可以为客户创造价值的业务流程
- 数据流:以初始数据录入开始的无缝的全信息
- 配置:按用户需求
- 降低成本:财务合规操作、学习
- 分离:交易处理与业务分析

图 4-3　财务系统建设过程中的合规性考虑

以下是基于业务发展的财务合规管理的几个关键方面,如图 4-4 所示。

1. 确定合规目标和策略
2. 建立完善的内部控制体系
3. 加强财务风险管理
4. 完善财务报告制度
5. 实施合规培训和监督
6. 优化财务流程和信息系统

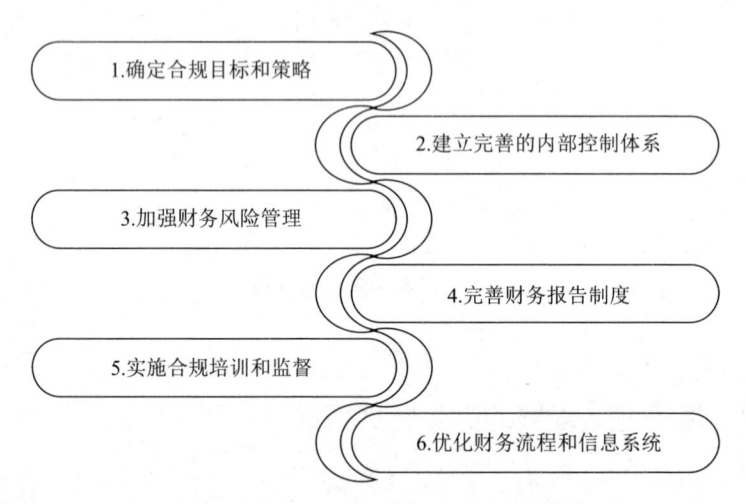

图 4-4　基于业务发展的财务合规管理

(1) 确定合规目标和策略

不同的业务具有不同的合规风险和合规要求。企业需要根据业务发展情况，确定合规目标和策略，并将其纳入财务规划和预算体系中，确保财务和合规目标的一致性和有效性。同时，企业还需要根据自身业务特点和合规管理要求，制订合规管理计划，包括财务合规目标、实施计划、预算和评估等。例如，针对不同的业务类型和地区，制定不同的财务合规政策和制度。

（2）建立完善的内部控制体系

财务内部控制是企业财务合规管理的重要组成部分。企业需要建立完善的内部控制体系，确保财务报告的准确性和可靠性，避免内部失控和舞弊行为。例如，制定完善的内部控制制度，建立内部审计机制，确保财务信息的准确性和可靠性。

（3）加强财务风险管理

企业需要加强对财务风险的管理，包括现金流风险、信用风险、利率风险、外汇风险等，制定相应的风险管理策略和措施。

（4）完善财务报告制度

会计核算是企业财务合规管理的重要环节，建立健全的会计核算制度可以确保财务信息的准确性和完整性。企业需要建立完善的财务报告制度，按照法律法规和会计准则规定，编制和披露财务报告，确保财务报告的准确性和合规性。例如，制定合规的财务信息披露政策，建立完善的信息披露流程，及时披露企业的财务信息。

（5）实施合规培训和监督

企业需要对员工进行合规培训，提高员工对合规管理的认识和理解，提高员工的合规意识和能力。同时推广合规管理文化，确保合规管理成为企业日常经营的重要部分。此外，企业还需要建立有效的监督和评估机制，对合规管理进行定期评估和监督，发现和纠正合规问题，确保企业财务活动的合规性和准确性。

（6）优化财务流程和信息系统

企业需要优化财务流程和信息系统，提高财务管理的效率和质量，降低财务成本和风险。同时，企业需要遵守国际财务合规标准，如《国际财务报告准则》（IFRS）、《企业财务管理准则》等，以提升企业的国际化水平和竞争力。

要在业务发展和财务合规之间取得平衡，企业需要充分了解行业标准和法规要求，制定明确的目标和优先级，建立有效的内部控制机制，并在必要时调整其业务模式。这些措施将有助于企业在发展业务的同时保持财务合规，从而实现可持续发展，如图4-5所示。

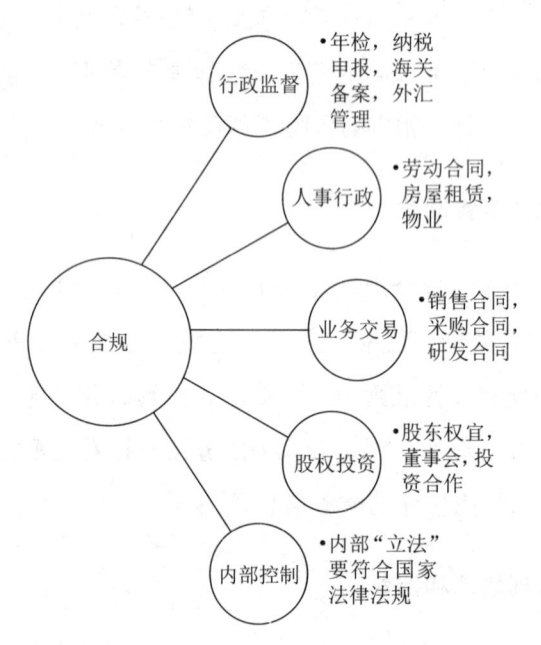

合规
- 行政监督：年检，纳税申报，海关备案，外汇管理
- 人事行政：劳动合同，房屋租赁，物业
- 业务交易：销售合同，采购合同，研发合同
- 股权投资：股东权宜，董事会，投资合作
- 内部控制：内部"立法"要符合国家法律法规

图4-5 合规与业务发展之间的平衡

4.2 公司治理

公司治理是指在一家公司内部制定和实施决策的方式和规则，以确保公司管理层和董事会的行为符合股东利益和法律规定。它是一个组织内部控制的系统，旨在确保公司合规、透明、有效地运作。

4.2.1 公司治理合规概述

公司治理合规是指确保公司内部制定和执行的规则、政策和程序符合法律、法规和行业标准的过程。公司治理合规可以帮助企业建立透明、高效、合规的管理体系，提高公司治理质量和股东信任度，降低公司合规风险和不合规行为。它是企业合规中非常重要的一部分。公司治理合规包括以下几个方面。

（1）董事会治理

董事会是公司治理的核心，负责制定公司的战略和决策，并监督公司管理层的行为。董事会应该确保公司遵守法律和法规，制定和执行有效的内部控制措施，降低合规风险和不合规行为的可能性。

（2）内部控制和风险管理

公司治理合规需要建立有效的内部控制制度和风险管理体系，以确保公司业务活动符合法律和法规的要求。内部控制和风险管理可以帮助公司识别、评估和管理风险，防范合规风险和不合规行为。合规是内控的一部分，内控是风险管理的一部分。

（3）公司信息披露

公司治理合规需要确保公司信息披露透明、准确、及时、完整。公司应该按照法律法规和行业标准规定披露公司经营状况、财务状况、治理结构等信息，为股东和投资者提供准确、可靠的信息。

专栏 4-1

兆易创新：坚决维护反商业贿赂合规

兆易创新科技集团股份有限公司（以下简称兆易创新）是全球领先的 Fabless 芯片供应商，公司成立于 2005 年 4 月，公司的核心产品线为存储器（Flash、利基型 DRAM）、32 位通用型 MCU（微控制单元）、智能人机交互传感器、模拟产品及整体解决方案。公司产品以"高性能、低功耗"著称，技术实力备受行业认可。未来公司将进一步围绕"感—存—算—控—连"积极布局，致力于推动 Edge 端智能化，通过加强产业上下游合作、优化供应链管理，共同推进半导体领域的技术创新和产业升级。

一、合作伙伴合规管理

兆易创新重视对合作伙伴的合规管理，将合规要求纳入合作伙伴管理体系，要求合作伙伴了解合规内容并签署相关行为准则，对合作伙伴进行适当的尽职调查，并明确拒绝与不合规、不诚信的合作伙伴合作。

兆易创新要求所有合作伙伴遵守所有适用的反腐败、反贿赂法律法规，并将采取有效措施，确保兆易创新的合作伙伴和第三方知悉兆易创新要求其在以兆易创新名义实施任何行为或办理任何业务时，遵循最高诚信标准和相关反腐败、反贿赂合规要求。

二、反商业贿赂合规

兆易创新始终秉承公平、诚信、合规的原则在全球范围内开展业务，致力于遵守业务所在地和所有适用的反腐败和反贿赂法律法规，对任何形式的腐败、贿赂行为持"零容忍"态度，以规范公司业务活动，不断提升兆易创新在国际市场的竞争力，保障合规经营。兆易创新结合实际制定相应的策略，为公司的合规发展提供长期、有效的保障。

反商业贿赂合规政策适用于公司及公司各级子公司、附属公司、分支机构的全体员工及合作伙伴，要求其在商业行为中遵守本政策及各领域反贿赂合规管理要求、指引，恪守高标准的诚信合规要求。兆易创新要求全体员工或代表兆易创新从事商业行为的实体或个人遵守兆易创新的《反商业贿赂管理办法》、各领域反贿赂合规管理要求及相关具体的指引，不得以任何直接或间接的方式向公职人员或其他实体和个人索取或收受贿赂（包括但不限于现金、佣金、回扣、有价证券或贵重物品）；禁止员工参加有业务联系的机构或其关联方组织的可能影响业务公平或获得不正当利益的接待和娱乐活动；如有供应商、代理、顾问及其他合作伙伴基于同样目的向兆易创新员工做出上述行为，员工必须予以拒绝并向公司报告。

兆易创新为确保自身合规体系的有效实施，在组织机构方面，建立了由董事会领导、监事会监督、总经理办公会管理支持，以及合规委员会、公司反商业贿赂管理部门、公司反商业贿赂监督部门、其他各部门具体落实反商业贿赂管理要求的全方位、多层次反商业贿赂管理组织架构，由公司各业务部门、反商业贿赂管理部门、反商业贿赂监督部门共同构筑反商业贿赂管理三道防线，共同识别、防范和应对商业贿赂合规风险。

三、结论与启示

兆易创新鼓励全体员工及合作伙伴举报任何可疑行为，当发现任何获取私利、不合理要求或其他上述行为等情况，应立即通过多种方式举报或匿名举报至公司内审部。公司将对任何涉及腐败、贿赂或不正当竞争的可疑事项进行严肃彻查及处理，绝不允许任何损害公司声誉、伤害公司利益的行为发生，绝不允许任何人触碰合法、合规红线。从兆易创新在合规管理方面的做法，我们可以得出以下几点启示。

第一，建立合作伙伴合规要求。公司应将合规要求纳入合作伙伴管理体系，要求合作伙伴了解并遵守合规内容，签署相关行为准则。在合作伙伴关系中，确保双方都明确合规标准至关重要，以防止不合规行为的出现。

第二，制定明确的反贿赂政策。公司应制定并实施明确的反商业贿赂政策，适用于所有员工和合作伙伴。反贿赂政策应该是全面的，能覆盖到涉及商业活动的所有方面。

第三，举报机制的重要性。公司应鼓励全体员工和合作伙伴积极举报可疑行为，确保合规体系的有效实施。举报机制是合规文化的关键组成部分，应该受到公司的积极支持和保护。

（资料来源：由多方资料整理而成）

（4）独立董事和审计委员会

独立董事和审计委员会是公司治理中的重要组成部分，独立董事和审计委员会应该负责监督公司管理层的行为和决策，评估公司内部控制制度的有效性，发现并防范合规风险和不合规行为，上市前的公司合规主要依赖公司内部的公司治理机制，如图4-6所示。

（5）股东治理

公司治理合规需要建立健全的股东治理机制，包括股东权利保护、股东参与公司治理等方面。股东应该行使自己的股东权利，监督公司管理层和董事会的行为，保护自身利益和公司长远利益。

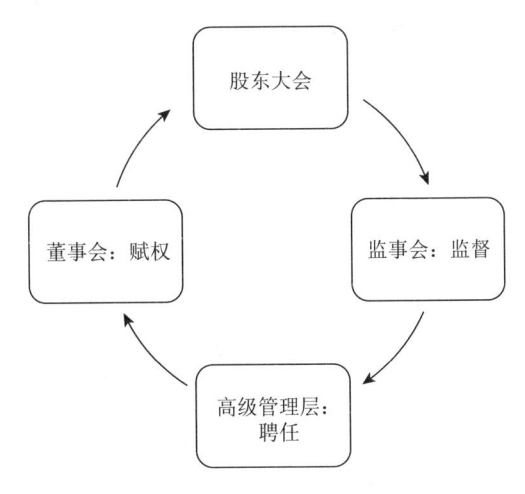

图 4-6　上市前的合规——公司治理机制

4.2.2　公司治理合规风险识别

公司治理合规风险识别是确保公司合规的关键步骤。公司应该了解适用于其业务的法规和标准，识别潜在的风险，确定关键业务流程，评估供应商和合作伙伴，并建立监控和反馈机制。这些措施可以帮助公司确保其治理合规风险得到控制。

（1）确定法规和标准

公司必须了解适用于其业务的法规和标准，以确保其遵守法律和法规。此外，公司还应了解其行业标准和最佳实践，以确保其符合行业标准。

（2）识别潜在风险

公司应该进行全面的风险评估，以识别可能对公司治理和合规造成威胁的潜在风险。这可以通过审查公司的业务流程、政策和程序来完成。对这些风险进行识别和分类有助于公司确定优先级并采取适当的措施。

（3）确定关键业务流程

公司应该确定其关键业务流程，并评估这些流程的合规风险。这些流程可能包括财务报告，人力资源管理和数据隐私，审计、审计程序，风险评估和风险管理等方面，如图4-7所示。

```
┌─────────────┐    ┌──────────────────────────┐
│ 1. 财务报告 │    │ 2. 人力资源管理和数据隐私 │
└─────────────┘    └──────────────────────────┘

┌──────────────────┐    ┌────────────────────────┐
│ 3. 审计、审计程序 │    │ 4. 风险评估和风险管理 │
└──────────────────┘    └────────────────────────┘
```

图4-7　合规风险识别流程

（4）评估供应商和合作伙伴

公司的供应商和合作伙伴可能会对公司治理和合规造成风险。因此，公司应该评估其供应商和合作伙伴的合规性，并确保其符合公司的标准。公司应该识别其关键供应商，并审查其供应商的合规性和治理措施。这可以帮助公司确保其供应链的透明度和可持续性。

（5）建立监控和反馈机制

公司应该建立监控和反馈机制，以确保其合规政策得到贯彻执行。此外，公司应该建立投诉和举报机制，以便员工和其他利益相关者可以报告任何合规问题。同时，企业需要定期进行内部审计和外部审计，以评估公司治理和合规方面的风险。审计可以帮助企业发现和纠正潜在的风险，并确保企业在合规方面符合法律法规的要求。很多时候公司会建立风险模型来进行监控和反馈，如图4-8所示。

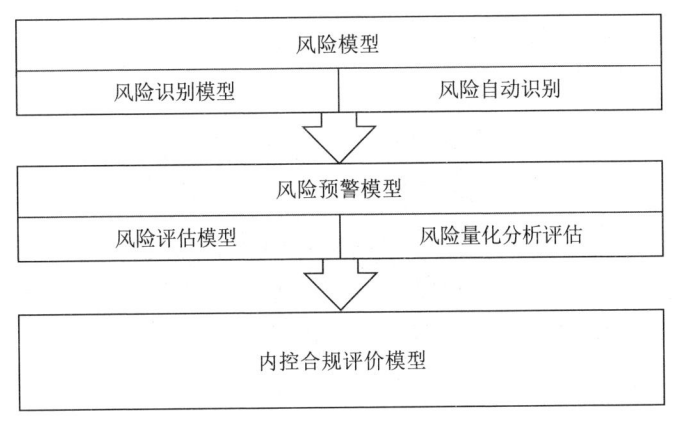

```
┌─────────────────────────────────────────────┐
│                  风险模型                    │
├──────────────────────┬──────────────────────┤
│     风险识别模型      │     风险自动识别      │
└──────────────────────┴──────────────────────┘
                      ↓
┌─────────────────────────────────────────────┐
│                风险预警模型                  │
├──────────────────────┬──────────────────────┤
│     风险评估模型      │    风险量化分析评估    │
└──────────────────────┴──────────────────────┘
                      ↓
┌─────────────────────────────────────────────┐
│              内控合规评价模型                │
└─────────────────────────────────────────────┘
```

图 4-8 风险模型

（6）培训和教育员工

为了确保公司治理和合规风险识别的有效实施，企业需要为员工提供培训和教育。员工需要了解公司治理和合规规范，以及如何识别和管理潜在的合规风险。这有助于员工更好地了解公司的政策和流程，并确保员工的行为符合法律法规的要求。

4.2.3 公司治理合规措施

公司治理合规措施是指为确保公司合规经营、保护股东权益、提高公司价值、防范风险等目的而制定和实施的一系列规章制度、流程和监督措施。公司治理合规措施是现代企业管理中不可或缺的重要组成部分，它涉及公司的各个方面，从内部控制制度到投资者关系管理制度、从独立董事制度到风险管理体系，都是为了保证公司运营合规、稳健、高效。公司应该根据自身实际情况，制定和完善公司治理合规措施，保障公司的长期健康发展和股东利益。每个公司治理的合规措施占比是不同的，图 4-9 是保险机构公司治理措施的占比。

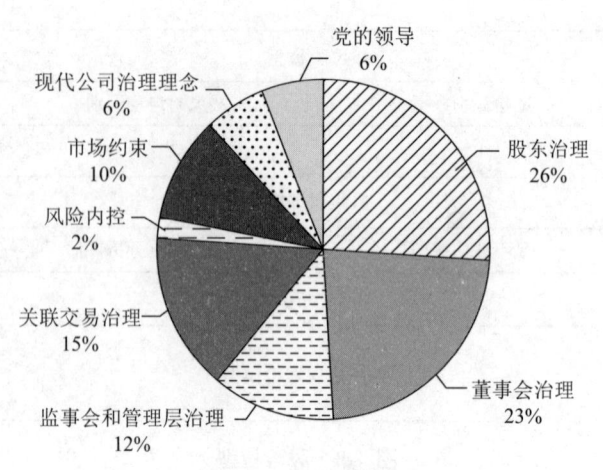

图 4-9　保险机构公司治理措施的占比

常见的公司治理合规措施有以下六种。

（1）内部控制制度

内部控制制度是公司管理中最基本的制度之一，它包括风险管理、内部审计、会计核算等制度，目的是确保公司运营过程中合规、有效、规范，如图 4-10 所示。其中，风险管理制度主要包括风险评估、风险监测、风险控制等措施，帮助公司防范和化解各类风险；内部审计制度则是对公司内部各个环节进行监督和评估，确保公司运营符合法律法规和内部规定；会计核算制度是规定公司财务核算的基本原则和方法，确保公司财务信息真实、准确、完整。

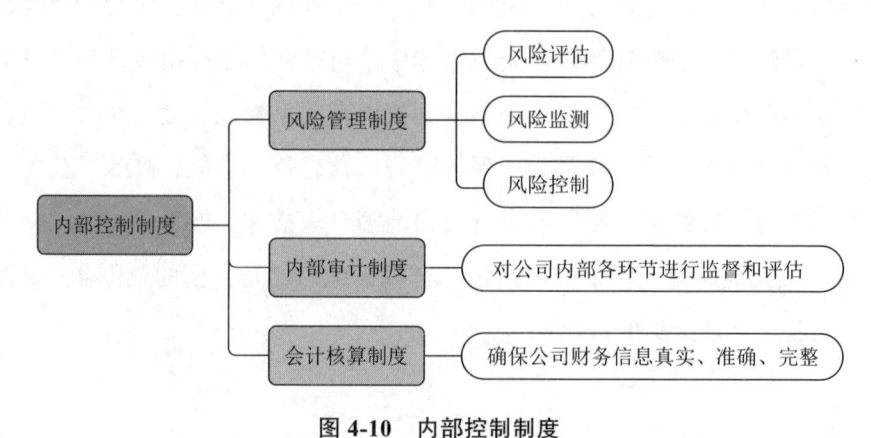

图 4-10　内部控制制度

（2）独立董事制度

独立董事制度是公司治理结构的重要组成部分，它通过设立独立董事，监督和评估公司的经营管理，确保公司决策和运营的公正性和透明度。独立董事是指不属于公司管理层，也不是公司的股东或职工代表的董事，他们独立于公司管理层和股东，主要职责是审议和决定公司的重大事项，包括财务决策、公司治理和社会责任等方面。公司应建立健全的董事会制度，明确董事会的职责、权限和工作流程，保证董事会独立、公正、高效地履行职责，提高董事会决策的科学性、合理性和公正性。

（3）公司治理机构

公司治理机构是指公司内部各个管理层次和职能部门，包括董事会、监事会、高级管理层等组织机构，明确权责，保障公司决策的合法性和合规性。其中，董事会是公司最高决策机构，负责制定公司发展战略、管理规定等；监事会则是对公司董事会的决策进行监督和审查，保护股东利益；高级管理层则是负责公司日常运营和管理的主要管理人员，包括CEO、COO等。

（4）内部合规管理制度

内部合规管理制度是指公司针对特定领域或行业制定的一系列合规制度，包括反腐败、反洗钱、反恐怖融资等制度，确保公司经营活动符合法律法规和社会道德要求，防范公司运营过程中可能面临的合规风险。这些制度要求公司员工遵守相关法律法规和公司内部规定，监督和管理公司经营行为，从而避免违反法律法规和不当的经营行为。

（5）投资者关系管理制度

投资者关系管理制度是指公司与投资者之间的沟通渠道和监管机制，

包括信息披露、投资者服务等，为公司建立良好的企业形象，提高投资者满意度和公司声誉。公司通过及时、准确、全面地披露公司运营情况和财务状况，为投资者提供充分信息，保护投资者合法权益，同时加强与投资者的互动和沟通，提高投资者对公司的信任和支持度。

（6）风险管理体系

风险管理体系是指为了预测、识别、评估、控制和管理公司运营过程中可能面临的各类风险，建立和实施的一系列管理措施和流程。该体系包括风险管理规划、风险评估、风险控制和风险监测等方面，帮助公司掌握各类风险信息，减少公司可能面临的经营风险，保障公司的合法权益和股东利益。在数字技术越来越发达的时代，企业运用数据来建立风险管理体系，如图 4-11 所示。

图 4-11　基于数据的风险管理体系

专栏 4-2

国科微：内部控制合规管理

国科微电子股份有限公司（以下简称国科微）成立于 2008 年，多地设有分子公司及研发中心。国科微是国内重点集成电路设计企业，国家知识产权示范企业。国科微长期致力于视频解码、视频编码、固态存储、物联网等领域大规模集成电路及解决方案开发。在先进制程工艺的芯片及其终端产品上积累了大量知识产权，具备了快速研发及量产 SoC 芯片能力。国科微已先后推出了直播卫星高清芯片、4K/8K 超高清解码芯片、4K/8K 超高清显示芯片、H.264/H.265 视频编码芯片、固态存储主控芯片、卫星导航定位芯片等一系列拥有核心自主知识产权的芯片。国科微持之以恒进行创新，为客户创造更多价值，推动数字经济高质量发展。

一、内部控制合法合规

按照企业内部控制规范体系的规定，建立健全和有效实施内部控制，评价其有效性，并如实披露内部控制评价报告是公司董事会的责任。监事会对董事会建立和实施内部控制进行监督。经理层负责组织领导企业内部控制的日常运行。公司董事会、监事会及董事、监事、高级管理人员保证报告内容不存在任何虚假记载、误导性陈述或重大遗漏，并对报告内容的真实性、准确性和完整性承担个别及连带法律责任。公司内部控制的目标是合理保证经营管理合法合规、资产安全、财务报告及相关信息真实完整，提高经营效率和效果，促进实现发展战略。

公司董事会根据企业内部控制规范体系对重大缺陷、重要缺陷和一般缺陷的认定要求，结合公司规模、行业特征、风险偏好和风险承受度等因素，区分财务报告内部控制和非财务报告内部控制，研究确定了适用于本公司的内部控制缺陷具体认定标准。

二、财务合规管理

公司实行统一领导、分级管理的内部财务管理体制；公司负责人对公司财务管理的建立健全、有效实施及经济业务的真实性、合法性负责。公司设立财务中心，负责全面组织、协调、指导总公司及子公司的会计核算和财务管理工作；各子公司单独设置财务机构，负责本单位的会计核算和财务管理工作，并向公司财务中心报告工作；公司制定并发布了《财务管理制度》《会计报告制度》《会计档案管理制度》《会计电算化管理制度》。

这些制度加强成本费用的管理，提高经济效益。同时为规范公司会计核算、加强会计监督、保障财务数据真实准确和防止舞弊提供了有力保障。

三、结论与启示

国科微在长期致力于集成电路设计领域的发展中，积累了大量知识产权，推出了多款具备核心自主知识产权的芯片产品，为数字经济高质量发展提供了有力支持。公司注重内部控制合法合规，确保内部控制的有效性，促进经营管理的合法合规性和财务报告的真实完整性。此外，公司建立了财务管理体制，通过分级管理和制度建设，加强了财务数据管理和经济效益提高。

这些宝贵经验为其他企业的合规管理提供了以下三点启示。

第一，内部控制合法合规。公司建立和实施内部控制规范体系，将内部控制纳入经营管理，以确保合法合规、资产安全和财务报告真实完整。其他企业可借鉴这一做法，强调内部控制的重要性，特别是在财务和合规方面，用以提高经营效率并降低潜在风险。

第二，财务合规管理。公司建立了统一领导的内部财务管理体制，通过设立财务中心和制定相关制度，保障了会计核算和财务管理的准确性和合法性。其他公司可以学习公司的分级管理方法，以确保财务管理的高效性和可靠性。

第三，知识产权保护。公司在集成电路设计领域积累了大量知识产权，这对于维护公司的竞争优势至关重要。其他企业可以重视知识产权的保护和积累，以推动技术创新和增强市场竞争力。

（资料来源：由多方资料整理而成）

4.3 企业合规审计

企业合规审计是指一种系统性、全面性的审计方法，用于评估企业是否遵守法律法规、政策规定、行业标准及内部管理制度等方面的要求。其目的是确保企业在经营过程中合法、合规、稳健，减少违法违规风险和损失，维护企业声誉和形象，促进企业可持续发展。

4.3.1 企业合规审计概述

企业合规审计是指对企业的运营活动、内部控制、法律合规性及财务报告等方面进行全面审查和评估的过程。其目的是评估企业是否符合适用的法律法规、行业准则和内部规定，以及识别和管理潜在的合规风险。

合规审计的目标是确保企业在法律和规定范围内运营，并确保财务报告的准确性和可靠性。通过对企业的各个方面进行审查，合规审计有助于企业管理层和股东了解企业的合规状况，提供有关风险和问题的信息，并为改进内部控制和管理提供建议。合规性控制与过程审计如图 4-12 所示。

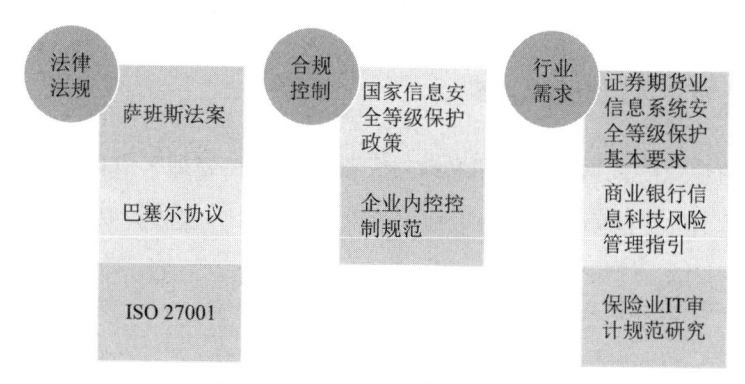

图 4-12 合规性控制与过程审计

合规审计的重要性在于确保企业在法律和规定范围内运营，并确保财务报告的准确性和可靠性。它有助于企业管理层和股东了解企业的合规状况，提供有关风险和问题的信息，并为改进内部控制和管理提供建议。企业合规审计通常涵盖以下几个方面。

（1）法律合规性审查

审查企业是否符合适用的法律法规、行业准则和合同条款。这包括对《劳动法》《环境保护法》、税法、反腐败法等的审查，以确保企业遵守法律要求并规避法律风险。

（2）内部控制审查

评估企业的内部控制制度和流程，包括风险管理、审批程序、财务报告准确性等。审计人员将检查内部控制的有效性，以识别潜在的风险和问题，并提供改进建议，以加强企业的内部控制环境。

（3）财务报表审查

审查企业的财务报表，包括资产负债表、利润表、现金流量表等。审计人员将验证财务报表的准确性、完整性和合规性，以确保其与适用会计准则和法规的一致性，并提供可靠的财务信息给利益相关者。

（4）数据保护和隐私审查

评估企业的数据保护和隐私政策，确保企业在处理客户和员工个人数据时符合适用的法律要求，并采取适当的保护措施，以保障数据的安全和隐私。

（5）合规文化评估

评估企业的合规文化和管理体系，包括合规政策、培训计划、内部举报机制等。这有助于确保员工了解和遵守合规要求，并提供适当的合规培训和沟通，以营造良好的合规文化。

(6) 风险评估和管理

识别和评估企业面临的风险评估和管理。审计人员会对企业面临的各种潜在的风险进行评估，包括法律合规风险、操作风险、金融风险等。通过识别和评估这些风险，审计人员可以为企业提供风险管理建议和措施，帮助企业制定相应的风险应对策略。

(7) 合规政策和程序审查

审计人员会审查企业的合规政策、程序和文件，以确保其与适用的法律法规和内部要求相一致。这包括合规政策的制定和执行情况，合规培训计划的有效性，以及内部合规文件的完整性和准确性。

(8) 内部举报机制和合规监察

审计人员会评估企业的内部举报机制和合规监察程序，包括举报渠道、举报处理程序，以及对违规行为的调查和处理情况。这有助于确保员工可以安全地举报违规行为，并保证违规行为得到及时、公正和适当的处理。

(9) 合规培训和教育

审计人员会评估企业的合规培训和教育计划，包括培训的内容、方式和覆盖范围。这有助于确保员工对合规要求的了解和遵守，并提供持续的合规培训和教育机会。

(10) 合规审计报告和建议

审计人员将编制合规审计报告，总结审计结果和发现的问题，并提供改进建议和措施。这些报告将提交给企业管理层、董事会及其他利益相关者，以帮助企业加强合规管理和内部控制。

需要注意的是，具体的企业合规审计过程和内容可能因企业的规模、行业特点和地域要求而有所差异，但是必须依据《个人信息保护法》来进行合规审计，如图 4-13 所示。此外，不同国家和地区可能有各自的法律法规和合规要求，企业应根据本地法律法规和实际情况进行合规审计的实施。

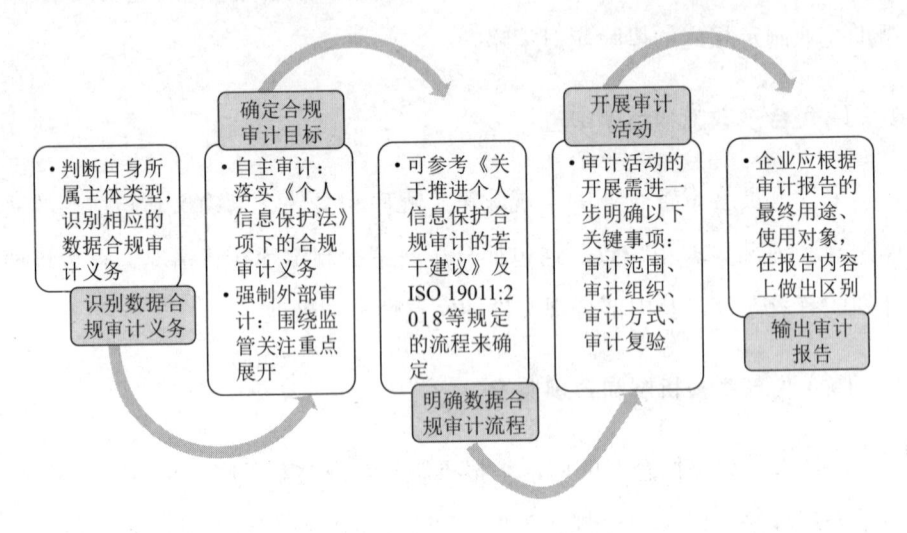

```
识别数据合规审计义务
• 判断自身所属主体类型，识别相应的数据合规审计义务

确定合规审计目标
• 自主审计：落实《个人信息保护法》项下的合规审计义务
• 强制外部审计：围绕监管关注重点展开

明确数据合规审计流程
• 可参考《关于推进个人信息保护合规审计的若干建议》及 ISO 19011:2018 等规定的流程来确定

开展审计活动
• 审计活动的开展需进一步明确以下关键事项：审计范围、审计组织、审计方式、审计复验

输出审计报告
• 企业应根据审计报告的最终用途、使用对象，在报告内容上做出区别
```

图 4-13 《个人信息保护法》下的合规审计

4.3.2 合规审计依据

合规审计是根据一系列的依据实施的，这些依据主要包括以下几个方面。

（1）法律法规和行业准则

合规审计依据的主要来源是适用的法律法规和行业准则。这包括国家的法律法规、行政规章、政策文件，以及行业协会、监管机构发布的相关准则和规定。合规审计将根据这些法规和准则，评估企业是否符合其中的要求。合规审计的首要依据是适用的法律法规。企业需要遵守国家、地区或行业的法律法规，合规审计将评估企业是否符合这些法律法规的要求。例如，《劳动法》《环境保护法》《财务会计准则》等都可能成为合规审计的依据。

（2）行业准则和标准

许多行业都有自己的准则和标准，用于规范企业的运营行为和合规要求。合规审计将根据特定行业的准则和标准对企业进行审查。例如，金融行业的合规审计可能参考银行业合规性指引，医疗行业的合规审计可能参考医疗保健行业的法规要求等。

（3）内部规章制度和政策

企业内部的规章制度和政策也是合规审计的依据之一。这包括企业自身制定的合规政策、程序、规范文件、内部控制制度、风险管理政策、合规培训计划等。审计人员将检查这些内部规章制度和政策的有效性和执行情况，以确保企业内部的合规要求得到满足。企业通常会制定一系列的内部规定和政策，以规范企业内部的运营行为和合规要求。合规审计将根据这些内部规定和政策来评估企业的合规程度。

（4）会计准则和财务报告要求

在财务报告审计方面，合规审计将依据适用的会计准则和财务报告要求进行评估。合规审计通常也会参考相关的审计准则和规范，以确保审计过程的专业性和标准化。这包括《国际财务报告准则》（IFRS）、《国家会计准则》及相关的财务报告准则和规定。审计人员将验证企业的财务报表是否符合这些会计准则和要求。

（5）公司章程和合同约定

企业的公司章程和合同约定也是合规审计的依据之一。这些文件规定了企业的组织结构、治理机制及合同关系等方面的要求。审计人员将审查这些文件的执行情况,以确保企业遵守其内部规定和合同约定。

(6)内部控制框架和标准

合规审计依据还包括内部控制框架和标准,如 COSO 内部控制框架、COSO ERM 企业风险管理框架、COCO 内部控制框架等。这些框架和标准为评估企业内部控制有效性提供了参考依据,如图 4-14 所示。

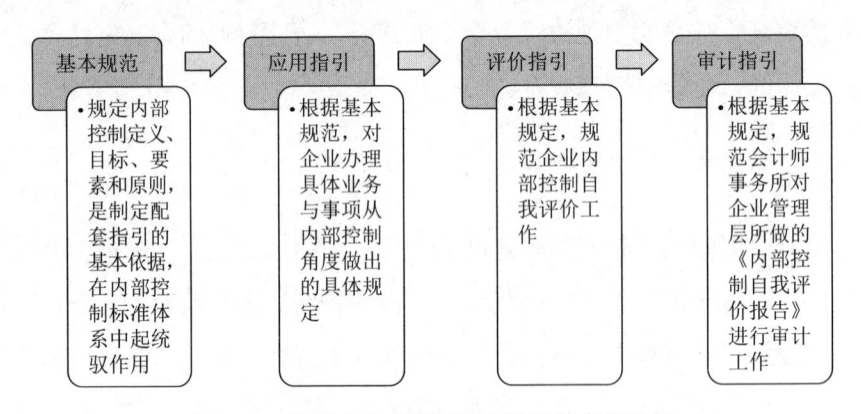

基本规范	应用指引	评价指引	审计指引
• 规定内部控制定义、目标、要素和原则,是制定配套指引的基本依据,在内部控制标准体系中起统驭作用	• 根据基本规范,对企业办理具体业务与事项从内部控制角度做出的具体规定	• 根据基本规定,规范企业内部控制自我评价工作	• 根据基本规定,规范会计师事务所对企业管理层所做的《内部控制自我评价报告》进行审计工作

图 4-14 评估企业内部控制有效性的参考依据

(7)其他参考资料

除了上述依据外,审计人员还可能参考其他相关的资料,如先前的审计报告、内部审计报告、合规政策指引、合规培训资料等。这些资料可以提供额外的信息和指导,帮助审计人员进行合规审计。

需要注意的是,合规审计的具体依据可能因企业所处的行业和地域而有所不同。企业在进行合规审计时,应根据其特定的业务和环境情况,确定适用的依据,并确保审计过程符合相关要求和标准。

4.3.3 内部审计

内部审计是指由组织内部独立的审计部门或审计人员执行的评估和监

督组织内部控制、风险管理和合规性的活动。内部审计的准则主要包括内部审计国际准则和内部控制审计准则。

（1）内部审计国际准则

内部审计国际准则是由国际内部审计师协会制定的一系列准则，用于指导内部审计人员的职业行为和审计实践。这些准则包括以下内容。

第一，审计宗旨和职责。明确内部审计的目标和职责，包括评估和改进组织的风险管理、控制和治理过程。

第二，独立性和客观性。要求内部审计部门独立于受审计对象，并保持客观、无偏的立场。

第三，专业能力和谨慎的态度。要求内部审计人员具备适当的专业知识和技能，以及谨慎的态度。

第四，保密性和信息安全。要求内部审计人员保护审计信息的机密性和安全性。

第五，审计证据和文件记录。要求内部审计人员对审计过程和结果进行充分的记录和文档化。

（2）内部控制审计准则

内部控制审计准则是用于指导内部审计人员进行内部控制审计的规范和要求。这些准则通常由组织内部审计部门或管理层制定，以确保审计人员在进行内部控制审计时遵循一致的方法和程序。内部控制审计准则可以涵盖以下七个方面的内容。

第一，内部控制评价标准。明确内部控制的评价标准和要求，例如COSO框架（包括企业风险管理框架和内部控制集成框架）和COBIT（信息系统和技术控制目标）框架。

第二，审计计划和方法。规定内部控制审计的计划和方法，包括风险评估、内部控制测试和审计证据的收集。准则可以明确评估和测试内部控制的方法和程序，以确定内部控制的有效性和适用性。审计人员可以使用各种方法，如问卷调查、流程分析、样本抽取和实地检查等，来评估和测试内部控制的设计和操作。

第三，审计程序和技术。指导内部审计人员进行内部控制审计的具体程序和技术，例如流程分析、文件审查、抽样和数据分析等。

第四，异常情况和异常报告。准则可以要求审计人员对发现的异常情况进行调查，并及时向管理层和利益相关者报告。异常情况可能包括内部控制缺陷、潜在的合规风险、诚信问题等。审计人员应准确记录和报告这些异常情况，并提出相应的改进建议。

第五，审计报告和建议。要求内部审计人员编制审计报告，总结审计发现和建议，提出改进建议和行动计划，以促进组织的内部控制和风险管理水平的提高。准则可以要求内部审计部门对内部控制的监督和改进提供指导。审计人员可以就发现的内部控制缺陷、风险点和问题，向管理层提出改进措施和建议，并跟踪和监督改进的实施情况。

第六，合规性审计。准则可以包括对组织的合规性进行审计的要求。合规性审计是评估组织是否符合适用的法律法规、行业准则和内部规定的过程。审计人员将审查相关的合规性要求和控制措施，并评估其有效性和合规性。

第七，信息技术审计。准则可以涉及信息技术控制和系统审计的要求。随着信息技术的广泛应用，审计人员需要了解和评估与信息技术相关的内部控制和风险管理。这可能包括对系统安全、数据完整性、访问控制和业务连续性等方面的审计。

专栏 4-3

豪威集团：委员会建设保障合规管理

豪威集团（上海韦尔半导体股份有限公司旗下的子公司）是全球排名

前列的中国半导体设计公司。自从1995年以来，豪威集团针对图像传感器、信号处理、光学和投影技术领域开发高端品质的知识产权，研发中心与业务网络遍布全球。豪威集团致力于提供传感器解决方案、模拟解决方案和显示解决方案，助力众多领域解决技术挑战，满足与日俱增的人工智能与绿色能源需求。其充分完善全球战略性布局，凭借持续的技术创新、高度协同的供应链与客户群，以及多元杰出的人才，优势互补、资源共享、协同并进，实现规模效应，秉承技术创新，提升客户满意度和黏性，为客户提供更好的产品与服务，并借此与客户一起为全球消费者创造更大的价值。

一、ESG委员会保障公司合规管理

为保障公司的长期可持续发展，豪威集团在董事会下设立了环境、社会和治理委员会（以下简称ESG委员会），负责对公司的政策和实践进行研究并提出建议。ESG委员会的成立与豪威集团的愿景相一致，有助于公司将ESG相关工作纳入战略决策，提高ESG管理的有效性，为公司可持续发展奠定了坚实的基础。

ESG委员会下设四个工作小组，包括环境、产品、员工及企业治理，为集团的可持续发展目标而努力。各工作小组整合相关部门的资源，定期向董事会汇报，编制年度ESG报告，确保及时发现所有重大事项并做出妥善管理。

豪威集团认为多元化的治理结构有利于公司的业务运营，并坚信治理结构中的多元化是保持其长期竞争力和促进可持续增长的关键要素。公司制定了董事会多元化政策，提名委员会根据一系列多元化类别选出董事会成员，同时将公司的业务模式和具体需求纳入考虑，包括但不限于性别、年龄、种族、语言、文化背景、教育背景、行业经验或专业技能。公司订立了适当的程序来培养具有广泛背景、多元经验及丰富技能的董事会成员。

二、绿色运营合规管理

豪威集团始终秉承绿色低碳的环保理念,不断探索和践行节能减排技术,切实履行企业环保责任。

第一,能源管理。公司松江厂区建立了经第三方认证的 ISO 50001 能源管理体系。以"遵纪守法、科学管理、节能减排、持续改进"为体系方针,公司持续投资节能节水管理和技术,提高效能,不断优化资源管理。

第二,废弃物。公司对生产过程中产生的危险废物实行分类管理、集中处置,委托有危险废物处置资质的单位收集、贮存、运输和处置。对于一般废弃物,公司会采取适当措施负责任地处理或完全回收。

第三,水资源及废水废气排放。公司松江厂区建立了经第三方认证的 ISO 14001 环境管理体系。贯彻"善用资源、减污减废、持续改进、保护环境、遵守法规"的环境管理方针,尽量减少由于生产经营活动对环境的影响。

第四,应对气候变化。公司高度重视气候变化可能对公司财政造成的不利影响,并成立了 EHS(环境、健康、安全)委员会负责极端天气及自然灾害的预警和应急响应,确保员工健康和环境安全,保证公司业务运营的持续稳定。

三、结论与启示

豪威集团通过成立 ESG 委员会、推动多元化治理结构和绿色运营合规管理的实施,树立了在可持续发展和环境责任方面的典范。其他公司可借鉴其经验,重视 ESG 管理,促进多元董事会组成,积极履行社会和环境责任,从而推动公司长期可持续经营、增强竞争力。

第一,认识 ESG 管理的重要性。其他公司可以借鉴豪威集团的做法,成立专门的 ESG 委员会,将环境、社会和治理因素纳入核心战略决策。这将有助于提高企业的可持续性,树立良好的企业社会责任形象。

第二，多元化治理结构。公司的多元化治理结构有助于提高业务运营的稳定性和竞争力。董事会的多元化政策和程序为公司招聘具备广泛背景和技能的董事会成员提供了指导。

第三，绿色运营和环境责任。公司可以效仿豪威集团的环保实践，建立 ISO 认证的环境管理体系，持续改进能源管理、废弃物处理和水资源管理，以减少对环境的不利影响，同时提高资源利用效率。

（资料来源：由多方资料整理而成）

需要注意的是，内部控制审计准则通常是针对特定的组织或行业而制定的，因此不同的组织或行业可能会有不同的内部控制审计准则。此外，内部控制审计准则通常需要根据内部审计国际准则进行制定，以确保审计人员的职业行为和审计实践符合国际标准。

在内部控制审计中，内部审计人员需要根据组织的内部控制评价标准，对组织的内部控制进行评估和测试，以发现内部控制存在的问题和风险。常见的内部控制问题包括：内部控制设计不当、内部控制执行不到位、内部控制存在漏洞和欺诈等。一旦发现内部控制问题，内部审计人员应该向组织管理层和内部控制责任人提供建议和改进措施，并跟踪改进进展。通过内部控制审计，组织可以及时发现和解决内部控制问题，提高内部控制和风险管理水平，保护组织的资产和利益。

4.3.4 企业合规审计的原则、分类和方法

企业合规审计是一种评估企业内部合规性的审计方式，它包括了一系列原则、分类和方法。

企业合规审计的原则是指在进行审计活动时所遵循的基本原则和准则，确保审计工作的准确性、可靠性和合法合规性。

（1）企业合规审计的原则

第一，独立性和客观性原则。审计人员应保持独立和客观的态度，不受他人的影响或压力。他们应根据事实和证据进行评估，不偏袒任何特定的利益方，以确保审计结果真实可靠。

第二，保密性原则。审计人员应保守审计过程中获得的信息和数据，确保企业的商业机密和隐私不被泄露。他们有责任妥善保管和使用企业的机密信息，防止未经授权的披露。

第三，客户关注原则。审计人员应关注企业客户的需求和利益，理解企业的特定环境和业务风险，针对企业的合规性进行审计，提供有针对性的建议和改进措施。

第四，专业能力原则。审计人员应具备充分的专业知识和技能，能够理解和应用适用的法律法规、行业准则和内部控制要求。他们应持续提升自己的专业能力，以确保审计工作的质量和有效性。

第五，合规性原则。审计人员应遵守适用的法律法规和道德规范，以及内部审计部门或行业协会制定的准则和规定。他们应以合法合规的方式进行审计工作，不违反相关法律法规和道德要求。

第六，证据导向原则。审计人员应基于充分的审计证据进行评估和判断。他们应采用适当的审计程序和技术，收集、分析和解释相关的证据，以支持审计结论和建议。

第七，持续改进原则。审计人员应积极参与和推动企业的合规改进过程。他们应识别合规风险和问题，提供改进建议，并跟踪和监督改进措施的实施情况，以确保企业的合规性不断提高。审计人员应将风险管理放在首要位置，从风险角度出发，针对企业内部合规的重点、难点、风险点等进行审计，确保审计工作的有效性。

以上原则是企业合规审计所遵循的基本准则，它们确保了审计工作的独立性、客观性、保密性和合法合规性，以提供真实可靠的审计结果和有针对性的建议。

(2)企业合规审计的主要分类方式

第一，全面合规审计与专项合规审计。全面合规审计：对企业内部的所有业务和环节进行审计，以评估企业的全面合规性。这种审计方式涵盖了企业的整体合规情况，包括财务、税务、《劳动法》《环境保护法》、知识产权等方面。专项合规审计：针对企业特定领域或业务进行审计，以评估该领域或业务的合规性。例如，专项合规审计可以关注环境保护、反腐败、数据隐私等具体问题。

第二，定期合规审计与不定期合规审计。定期合规审计：按照一定时间周期进行审计，如每年一次、每半年一次等。定期审计有助于确保企业的合规情况得到定期检查和评估，以便及时发现和纠正合规风险和问题。不定期合规审计：根据需要随时对企业内部的合规情况进行审计。不定期审计可以应对突发的合规风险和问题，以及对特定事件或疑点进行调查和审计。

第三，内部合规审计与外部合规审计。内部合规审计：由企业内部的审计部门或审计人员执行的合规审计。内部审计人员独立于受审计对象，专门负责评估和监督企业的内部合规情况。外部合规审计：由第三方独立机构或外部审计师事务所执行的合规审计。外部审计机构根据约定的审计标准和方法，对企业的合规情况进行独立评估，向相关利益方提供审计报告和建议。

第四，合规性内审与合规性外审。合规性内审：由企业内部的审计部门或审计人员执行的内部合规审计。内部审计人员对企业内部的合规情况进行评估和监督，向管理层提供建议和改进措施。合规性外审：由独立的外部审计师事务所或合规咨询机构执行的外部合规审计。外部审计机构根据约定的审计标准和方法，对企业的合规情况进行独立评估，向相关利益方提供审计报告和建议。

除了前面提到的分类方式，还有以下分类方式可以用于企业合规审计。

一是以行业分类。根据企业所属的行业类型进行分类，不同行业存在不同的合规要求和标准，因此合规审计也需要根据具体行业特点进行分类和评估。例如，金融行业、医疗行业、制造业等都有各自的合规性要求。

二是以地区分类。根据企业所在地区的法律法规和监管要求进行分类，不同地区可能存在差异的合规要求和规定，合规审计需要根据具体地区的法律法规进行分类和评估。

三是以风险分类。根据合规风险的不同程度进行分类，合规风险的严重程度和影响因素各异，可以将合规审计分为高风险、中风险和低风险等级，以便有针对性地进行审计工作。

四是以阶段分类。根据合规审计的不同阶段进行分类，合规审计可以分为前期准备、执行审计、整理报告等不同阶段，每个阶段有不同的任务和目标，需要采用相应的方法和程序。

五是以合规要素分类。根据合规审计的不同要素进行分类，合规审计可以涉及财务合规、税务合规、法律合规、劳动合规、环境合规等不同方面。

这些分类方式可以根据实际情况和需要进行灵活组合，以满足企业对合规审计的具体要求和目标。分类有助于更好地组织和管理合规审计工作，并确保审计工作的有效性和全面性。

（3）企业合规审计的常用方法

第一，文件审计法。审计人员通过审查企业的合规文件、报告、制度、流程等文献资料，评估企业的合规情况。这包括审查企业的合规政策、程序、合同、申报材料、内部控制文件等，以了解企业的合规性和合规管理水平。

第二，访谈法。审计人员与企业内部员工、管理层等相关人员进行访谈，了解企业的合规情况。通过与相关人员的沟通交流，审计人员可以获取更多的信息和洞察力，了解企业内部的合规流程、操作和实施情况。

第三，实地查看法。审计人员到企业内部现场进行查看，对企业的实际情况进行评估。他们可以观察企业的生产过程、设备设施、合规操作等，以了解企业的实际合规情况，并发现存在的问题和风险。

第四，数据分析法。审计人员利用数据分析工具和技术，对企业的数据进行分析，评估企业的合规情况。他们可以通过对财务数据、税务数据、员工数据等进行统计分析、比对和趋势分析，发现潜在的合规风险和问题。

第五，测试抽样法。审计人员采用测试抽样方法，从大量数据或样本中随机选取一部分进行审计，以代表整体情况。他们对选取的样本进行详细审计，以验证企业的合规性和合规管理的有效性。

第六，风险导向法。审计人员基于风险管理的原则和方法，将风险管理纳入审计过程。他们通过风险评估、风险分类和风险控制策略的制定，将合规审计的重点、难点和风险点进行有针对性的审计，确保审计工作的有效性和合规风险的控制。

第七，过程审计法。审计人员关注企业的合规流程和操作，对企业的合规过程进行审计。他们评估企业的合规制度、流程和控制措施的设计和执行情况，发现存在的合规漏洞和问题，并提出相应的改进建议。

第八，数据挖掘法。利用数据挖掘技术，对企业的大数据进行深入分析，挖掘潜在的合规问题和异常情况。通过挖掘大数据中的模式、趋势和异常值，审计人员可以发现合规风险和问题，并进行相应的处理和改进。

第九，多维度评估法。综合使用多种方法和技术，从不同的维度对企业的合规情况进行评估。例如，结合文件审计、访谈和实地查看等方法，以及数据分析和风险导向的思维，形成全面的合规评估报告。

第十，案例分析法。审计人员研究和分析过去发生的合规案例，从中总结经验教训，并引以为戒。通过案例分析，审计人员可以识别潜在的合规风险和问题，并提出相应的预防措施和改进建议。

第十一，对比分析法。将企业与同行业或同类企业进行对比分析，评估企业的合规情况和水平。通过对比分析，审计人员可以发现企业的合规差距和改进空间，并提供参考和建议。

第十二，自评和外部认证法。企业可以自行评估其合规情况，或者聘请独立的第三方机构进行合规认证。自评和外部认证可以提供独立的合规评估，有助于发现和解决合规问题，并增强企业的合规形象和信誉。

以上方法和技术可以根据实际情况和需求进行选择和应用。重要的是根据合规审计的目标、范围和要求，合理地设计和组织审计方法，确保审计工作的准确性、可靠性和有效性。

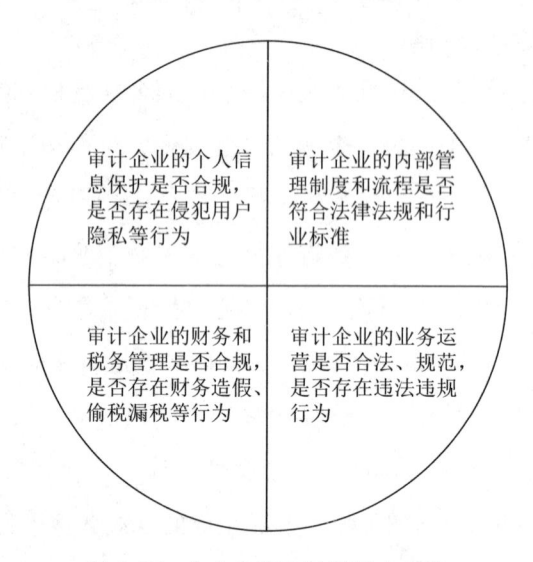

4.3.5　企业合规审计的内容

企业合规审计的基本内容是指审计人员在进行审计活动时需要关注和评估的合规方面，如图 4-15 所示。以下是企业合规审计的主要内容。

图 4-15　企业合规审计的基本内容

（1）法律法规合规性审计

审计人员对企业的经营活动、管理制度、业务流程等进行全面审查，评估企业是否遵守国家和地区的法律法规，包括企业法律实体的设立、工商注册、合同签订、《劳动法》遵守等方面。审计人员会审查企业的合规文件、合同、政策和操作程序，确保企业的经营活动符合法律要求。例如，审计人员可以检查企业是否存在税收违规、环保违法、财务舞弊等问题。

（2）内部管理制度合规性审计

审计人员对企业内部管理制度进行审查，评估制度的合规性、完备性和有效性。例如，审计人员可以检查企业是否制定了完善的内部控制制度、风险管理制度、信息安全管理制度等。

（3）业务流程合规性审计

审计人员对企业的业务流程进行审查，评估流程的合规性、合理性和效率性。例如，审计人员可以检查企业的采购、销售、库存等流程是否符合合规要求，是否存在违规操作和风险隐患。

（4）财务会计合规性审计

审计人员对企业的财务会计信息进行审查，评估会计信息的真实性、准确性和完整性。例如，审计人员可以检查企业的财务报表是否符合会计准则和法律法规的要求，是否存在虚假记账、隐瞒资产负债等问题。审计人员评估企业的税务合规情况，包括纳税申报、税款缴纳、税收优惠的合规性等。他们会审查企业的税务记录、税务筹划、税务政策遵守等，以确保企业按时、正确地履行纳税义务，并遵守税法和税务管理规定。

（5）风险管理合规性审计

审计人员对企业的风险管理机制进行审查，评估风险管理的合规性、有效性和科学性。例如，审计人员可以检查企业的风险识别、评估、控制和监测等环节是否符合合规要求，是否存在风险漏洞和盲区。

（6）数据安全合规性审计

审计人员对企业的信息系统和数据安全进行审查，评估数据安全的合规性、可靠性和保密性。例如，审计人员可以检查企业的信息系统是否符合信息安全管理制度和相关法律法规的要求，是否存在数据泄露、网络攻击等风险。

（7）合同管理合规性审计

审计人员对企业的合同管理情况进行审查，评估合同管理的合规性、规范性和效率性。例如，审计人员可以检查企业的合同签订、履行、变更、解除等环节是否符合合规要求，是否存在合同漏洞和风险隐患。

（8）劳动合规性审计

审计人员评估企业的劳动合规情况，包括劳动合同的签订与执行、工资和福利待遇、工时和休假制度等方面。他们会审查企业的劳动合同、工资单、劳动保障政策等，以确保企业的劳动关系合规，并符合《劳动法》规定。

（9）知识产权合规性审计

审计人员评估企业的知识产权合规情况，包括专利、商标、著作权等方面的合规性。他们会审查企业的知识产权申请、保护措施、使用权合规等，以确保企业的知识产权合规，并遵守相关的知识产权法律和规定。

（10）环境保护合规性审计

审计人员评估企业的环境保护合规情况，包括环境污染防治、资源利用和废物处理等方面的合规性。他们会审查企业的环境影响评估、排污许可证、环境保护措施等，以确保企业在经营过程中符合《环境保护法》和标准要求。

专栏 4-4

富瀚微：合规助力企业发展

上海富瀚微电子股份有限公司（以下简称富瀚微）成立于 2004 年 4 月，是业界领先的多媒体芯片设计公司。富瀚微专注于芯片的设计研发，拥有智能处理技术、视频编解码技术、图像信号处理技术、SoC 设计技术等核心技术。产品广泛应用于专业安防视频监控摄像机及智能硬件、汽车电子等领域。富瀚微是国家专精特新小巨人企业、上海市企业技术中心及上海市智能图像处理技术创新中心。其拥有授权发明专利、集成电路布图版权及软件著作权等 135 项自主知识产权。公司芯片产品受到业内主流厂家广泛采用，芯片累计出货量超过 5 亿颗，产品销往世界各地。

一、公司的法律合规管理

公司非常注重遵守相关法律法规和规范性文件，以确保其合规管理状况。首先，公司严格按照《公司法》《证券法》《深圳证券交易所创业板股票上市规则》等相关法律法规的要求经营，这包括公司治理结构和程序的制定与遵循，以确保公司规范运作。此外，公司也积极与监管机构发布的规范性文件保持一致，确保公司的经营活动不会违反相关法律法规。公司正确处理与控股股东的关系，确保公司在业务、人员、资产、机构和财务方面保持独立，以避免违法占用公司资金或提供违法担保的情况。

公司在内部控制和与利益相关者关系方面也表现出积极的态度。首先，公司依据《公司法》《证券法》，以及其他法规制定了内部控制体系，以规范经营管理、控制风险，并确保正常开展业务。这个内部控制体系在公司的各个层面和环节得到贯彻和不断完善。另外，公司强调尊重和维护各相关利益者的合法权益，包括股东、员工和社会等，以实现各方利益的和谐统一。公司积极与利益相关者进行沟通和合作，以共同推动公司的持续健康发展。这种关注内部控制和利益相关者关系的方法有助于确保公司不仅在法律合规方面表现出色，还在社会责任履行方面取得了进展。

二、公司的财务合规管理

通过施行财务合规措施，公司不仅确保了财务数据的准确性和合规性，还维护了资金的安全，提高了经济效益，同时加强了与供应商的战略合作，有助于公司的可持续发展。这些管理制度和流程的执行有助于公司维护声誉，提高竞争力，并为未来的发展奠定坚实的基础。

第一，货币资金管理。公司建立了严格的资金管理制度，包括资金分离、库存现金管理、审批和支付授权等措施，以确保货币资金的安全。货币资金支付按程序进行，提高了资金使用效率。

第二，采购、付款与存货管理。公司实行严格的采购管理，包括采购流程、供应商管理、价格确认与审核、合同谈判与核准、验收与付款、保管与记录、退货、供应商评价等环节。存货管理通过ERP（企业资源计划）系统自动化，减少了库存成本，同时强化了品质管理，确保产品质量符合标准。

第三，固定资产采购与日常管理。公司对固定资产采购和管理进行了分类，并规定了请购、审批、验收、编码、台账管理、维修保养、更新改造、转移处置、清查盘点等程序，以确保固定资产管理的规范。

第四，财务管理。公司建立了一系列财务管理制度，包括财务报告制度、现金管理制度、日常费用管理细则、项目研发费用管理制度、产品成本核算制度等。规定财务人员的职责和权限，保证了财务数据的真实、完整和及时提供。

三、结论与启示

富瀚微制定了一系列详细的财务合规制度和流程，覆盖了货币资金管理、采购、付款、存货管理及固定资产等方面。这些制度为公司提供了清晰的操作指南，确保了财务运营的规范性和合法性，也为其他公司的合规管理提供了道路。

第一，建立完备的合规制度。企业应建立全面的合规制度，覆盖财务管理、采购、资产管理等方面，以确保合规性和规范性。这有助于降低潜在的法律和财务风险。

第二，强化内部审查与控制。公司应不断强化内部审查和控制，确保财务流程的透明性和合法性。分离职责、授权管理和资金审批等措施对于保障资产安全至关重要。

第三，建立良好的供应链合作关系。与供应商之间建立互信和战略合作关系，有助于提高供应链的稳定性和效率。及时准确的付款和品质管理是维护供应商关系的关键。

（资料来源：由多方资料整理而成）

4.3.6 企业合规审计的程序

企业合规审计的程序是指进行合规审计时的一系列操作步骤和方法。以下是企业合规审计的一般程序。

（1）确定审计目标和范围

首先，明确审计的目标和范围。确定要审计的合规领域、审计的重点和关注点，以及审计的时间范围和覆盖范围。

（2）筹备阶段

在筹备阶段，审计人员进行前期准备工作，包括收集企业的合规相关文件、了解相关法律法规和行业标准、制订审计计划和时间表等。

（3）数据收集和分析

审计人员收集和整理企业的合规数据和信息，包括文件、记录、报告等。他们对这些数据进行分析，识别潜在的合规风险和问题，并进行数据比对、趋势分析等。

（4）实地调查和观察

审计人员到企业内部进行实地调查和观察。他们观察企业的合规操作、流程和控制措施，与相关人员进行访谈，了解实际情况，并收集证据和材料（见图4-16）。

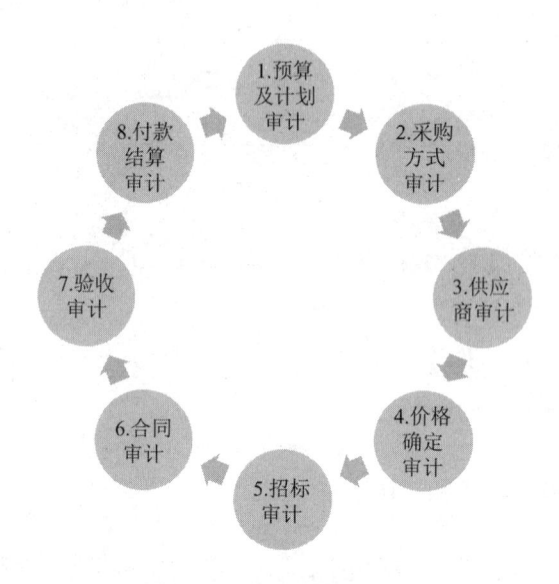

图 4-16 全过程跟踪审计

（5）风险评估和分类

审计人员对识别的合规风险进行评估和分类。他们根据风险的严重程度和影响因素，将合规风险划分为高、中、低风险，以便有针对性地进行审计工作。审计人员进行初步评估，了解企业的运营、管理和控制情况，采集相关数据和信息，评估可能存在的合规风险和问题。

(6) 审计测试

审计人员根据审计计划和风险评估结果选择样本进行审计测试。审计人员对可能存在的合规问题进行详细的测试和检查，采用多种方法和技术，包括文件审查、流程分析、抽样调查、数据分析等，以确认存在的合规问题的实质性和程度。他们对选定的样本进行详细审计，验证合规性和合规管理的有效性。

(7) 缺陷和问题识别

审计人员识别和记录发现的合规缺陷和问题。他们将缺陷和问题分类，描述其性质、范围和影响，并进行风险评估。

(8) 编写审计报告

审计人员根据审计发现和评估结果编写审计报告。报告内容包括审计的目的、范围、方法和发现的合规缺陷和问题，以及相应的建议和改进措施。报告结果需要提交给企业高层管理人员和监管机构，有时也需要向外部利益相关者公开披露。

(9) 沟通和反馈

审计人员与企业管理层和相关部门进行沟通，就审计发现和建议进行反馈。他们解释审计结果，提供建议和改进措施，并与企业讨论解决方案。

(10) 后续跟踪和监督

审计人员可能进行后续跟踪和监督，确保企业采取适当的措施解决审计中发现的合规缺陷和问题。他们可能要求企业提供改进计划和措施的执行情况报告，并进行定期的监督和检查，以确保问题得到有效解决。

（11）审计总结和总结报告

审计人员在审计结束后，对整个审计过程进行总结和评估。他们撰写审计总结报告，对审计工作的有效性、合规情况和改进措施进行总结，为企业提供有关合规管理的反馈和建议。如果需要，则会对未解决的合规问题继续进行检查和测试。

需要注意的是，以上程序仅为一般性的企业合规审计程序，实际的程序可能因企业的特定情况、合规要求和审计目标的不同而有所差异。审计人员在进行审计工作时，应根据具体情况灵活调整程序，并确保审计过程的严谨性、可靠性和有效性。

篇末案例

百度："一体两面"的合规治理

互联网科技行业正处于高速发展的阶段，不断创新和技术进步驱动了市场竞争的激烈程度。云计算、大数据、人工智能、区块链等新兴技术的应用不仅推动了行业的发展，还开辟了新的商业机会。在竞争环境中需要关注数据隐私和安全、反垄断法合规、信息透明度、知识产权保护等方面的合规管理。互联网科技公司必须确保用户数据的隐私和安全，制定严格的数据保护政策，防范潜在的法律风险。信息透明度和用户信任也至关重要，公司提供清晰的隐私政策、透明的数据收集和使用方式，以维护用户信任。

一、公司简介

百度是中国大型互联网搜索引擎公司之一，成立于 2000 年，其作为全球领先的人工智能公司，致力于提供互联网基础设施和智能技术创新，为数亿的用户提供各种服务和产品。百度的核心业务是搜索引擎，它通过分析用户的搜索行为和需求，提供相关的搜索结果和广告服务。百度还涉足在线地图、音乐、视频、电子商务、在线社区等领域，为用户提供多样化的互联网服务。百度在人工智能领域有很高的影响力，开展了许多与人工智能相关的研究和应用项目。百度还积极推动开源技术的发展，参与了多个开源项目，并且开源了一些自己的技术。2011年，百度正式成立职业道德建设部，统筹集团廉洁体系建设。百度的廉洁立足于"源头治理、预防为主、标本兼治"的原则，在制度、组织、意识和执行层面建立并不断完善各类要求、机制和措施。

二、合规管理实施及其效果

百度的廉洁组织采用"一体两面"的保障模式。一面为治理，负责建立廉洁工作的授权、分工与合作体系；另一面为监督，负责建立相应的制衡与约束机制。其包括三层把控的治理体系、全面保障的风险管理框架、系统推进的调查程序、轻重分明的惩治体系、协同高效的制衡体系。

（一）制度先行

百度公司通过制度先行，建立了强有力的内外部规范和制度基础，以确保合规管理在企业运营中得到充分实施和执行。这些制度和规范不仅有助于维护公司的声誉和信誉，还有助于保护员工的权益，从而构建了一个合法、道德和负责任的企业文化。

第一，外部制度基础。百度严格遵守普遍适用的中国法律法规和部门规章，特别关注与企业层面腐败相关的法律责任规定。同时，百度还遵守中国政府在领域如招标投标、资产评估、证券、金融、政府采购、建筑工程、中介服务、碳排放权交易等的专门法律法规，其中包括反贿赂和廉洁的规定。对于作为一家在美国上市的跨国企业，百度也要遵循适用的外国法律规范。而且百度还考虑了国际公约和文件，尤其是适用于中国和其他市场的规范，以构成其合规管理的外部制度基础。

第二，内部行为规范。公司制定了一系列内部廉洁规章制度和行为规范，旨在营造和谐、有序、风清气正的企业运营环境和阳光职场的工作氛围，同时保护公司和员工的合法权益。这些内部规章包括《百度职业道德与行为规范》《百度职业道德红线管理规定》《百度避免利益冲突制度》等。这些制度文件不仅遵循了商业伦理和职业道德的原则，还进一步厘清和细化了具体要求，以确保员工的行为符合公司的价值观和法律法规。

（二）意识提升

公司采取了由外向内的方法，包括内部和外部意识提升。百度实施了培训和考核计划，确保员工了解合规要求及贪腐行为的危害。考核则用于评估员工对合规问题的理解程度，促使他们在日常工作中积极遵守合规标准。此外，公司还进行宣传和警示活动，通过不同形式的传播，强调廉洁和道德的重要性，以进一步提高员工的合规意识。百度积极与外部利益相关方进行沟通和培训。这包括与供应商、合作伙伴、客户等的定期对话，以传达公司对合规的承诺和期望。通过与外部利益相关方的互动，百度在商业生态中树立了合规的良好形象，并帮助外部方也认识到合规的重要性。

（三）多元举措

百度通过多元举措，包括内部的举报机制、内审机制、礼品管理，以及外部的采购制度，加强合规管理。这些措施有助于预防、教育、处置、惩戒和监督合规领域的问题，同时也促进了内外部的协作与交流，确保公司在商业运营中遵守法律法规，维护企业的声誉和信誉。百度致力于持续改进这些举措，以确保反腐倡廉的实效。

第一，内部执行措施。百度采取了多渠道的举报机制，以便员工能够匿名或有名义地报告任何合规违规行为的线索。这种机制帮助公司在发现问题时能够迅速采取行动，确保问题得到及时处理。同时，百度还实施了严格的内审机制，以夯实内部合规的防线。内审不仅可以揭示潜在的问题,还有助于提升管理能力,以预防贪腐行为的发生。此外,公司建立了礼品管理机制,确保员工在礼品收受方面遵守公司的底线道德规范,防止不当行为的发生。

第二,外部执行措施。百度着重建立了严格的采购制度,与供应商的采购合作是外部关系中最容易发生贪腐问题的环节之一。因此,百度建立了详细而周密的程序和机制,以确保采购过程的透明度和合规性。这有助于防止不当行为,并建立了外部供应链的廉洁标准。

三、结论与启示

百度公司以完备的制度约束、有力的组织保障、持续的意识提升及多元的执行措施来确保企业合规。这种综合性的合规管理方法在维护公司声誉、员工权益和商业可持续性方面发挥了重要作用。内部举报机制、内审体系和礼品管理等内部措施有助于预防和处理违规行为,外部采购制度也确保了外部关系的廉洁性。百度在合规管理方面不断探索和改进,为其他企业提供了有益的经验和启示。

第一,制度先行。百度的成功经验强调了制度的重要性。建立明确的合规制度和规范,不仅有助于预防违规行为,还可以为员工提供明确的行为准则,促进职业道德和商业伦理的培养。

第二,意识提升。内外的意识提升工作是维护合规的基石。通过培训、宣传和警示可以提高员工和外部相关方对合规问题的认知,使合规文化深入人心。

第三,多元举措。维护企业合规需要多元化的举措。不仅要有内部机制来防范和处理问题,还需要建立外部关系的廉洁标准。多元举措有助于形成全面的合规管理体系,确保公司在竞争激烈的商业环境中保持高水平的合规性和道德标准。

(资料来源:由多方资料整理而成)

本章小结

①健全企业合规管理体系的建设方法。
②财务合规管理中业务发展的关键要素。
③公司治理合规的关键问题和措施。
④企业合规审计的依据和方法。
⑤企业合规审计的程序和内容。

第 5 章

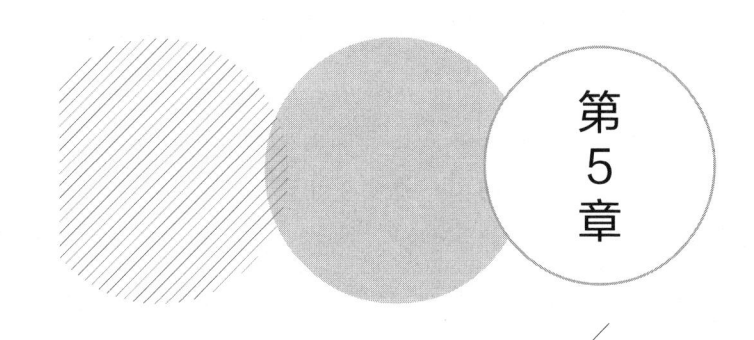

企业合规运营、管理与应用

企业合规运营是指企业在遵守相关法律法规和规范的基础上，有效管理和控制企业运营中的风险和不确定性，以保障企业的合法权益，实现经营目标。它不仅仅是一项管理制度和流程的建立，更是一种文化和理念的建设，是企业运营的主要核心要素。企业合规运营的核心目标在于实现企业的稳健可持续发展，维护企业的形象和声誉，增强企业的社会责任感和公信力。企业合规应用涉及多个方面，从制定政策到实施控制措施、应用的场景和技巧、建立合作关系，以及监测和报告合规情况等。通过将合规要求融入企业的日常运营，企业能够确保合规运营和可持续发展。企业合规运营、企业合规管理和企业合规应用是企业发展中不可或缺的关键因素。

> 开篇案例

同程旅行：借合规浴火重生

在线旅游服务的供应商在近年来已经成为旅游业的关键部分。这一行业的背景在于技术的发展和消费者行为的改变。互联网的广泛使用及便利性推动了在线旅游服务的发展，同时消费者对于方便快捷的旅行计划和预订方式的需求也催生了在线旅游服务的增长。消费者现在更偏爱在线预订，不仅仅是飞机和火车票，还包括酒店、旅游活动，甚至整个旅行套餐。为了保持行业的可持续发展，企业必须认真应对合规问题，制定透明和公平的政策，确保经营活动在法律、道德和商业标准的框架内进行，从而保护消费者权益，提高声誉和竞争力。合规管理不仅有助于维护企业的声誉，还为客户提供了更加安全和可信赖的旅游体验。

一、公司简介

同程网络科技股份有限公司（以下简称同程旅行）是中国领先的休闲旅游在线服务提供商，成立于2004年，作为中国在线旅游行业的重要企业之一，连续三年入选"中国旅游集团20强"。同程旅行通过其在线平台提供全面创新的旅游产品和服务选择，涵盖交通、住宿、景点门票预订，以及周边游、长线游、邮轮旅游等业务板块。2017年，同程旅行与艺龙旅行网合并成立了"同程艺龙"，进一步巩固了其在线旅游领域的地位。同程旅行的目标是让更多人享受旅游的乐趣，感受生活的美好。同程旅行成立创新业务部，创新业务部以设置风险控制、审计监察、运营宣传、合规监控为主要内容，以"温度运营，线上风控，数智审计"三道防线为防治手段，以督促内控人员的依法履行职责、规避业务风险为目标，以实现现代化审计增值盈利为主要目的。

二、合规管理实施及其效果

同程旅行将合规管理视为企业发展的关键要素，通过建立独立的合规管理部门、虚线风控团队，以及创新审计产品，全面提升了合规管理的水平，确保公司在竞争激烈的旅游行业中稳健发展。这些措施有助于预防潜在的风险，同时为其他企业提供了合规管理的新思路和解决方案。

（一）设置独立的廉正合规管理部门

同程旅行在建设合规管理体系方面，确立了独立的廉正合规管理部门，这是一个关键要点。该部门的设立表明公司对合规管理的高度重视，以确保公司在经营过程中遵守法律法规、道德规范，并有效应对舞弊风险。同程旅行设立了风控审计部，其职责包括舞弊调查、预防措施和合规管理。这个部门的独立性得到了重视，它直接向公司总办和董事会报告，与各业务部门保持充分的独立性，以确保其工作不受干扰。此外，风控审计部内部设置了风险研究组、数字化审计组和审计监察管理组等部门，它们之间相互关联、相互合作、相互监督，以确保全面而有效的合规管理。这种独立的廉正合规管理部门有助于同程旅行建立起特色鲜明的合规管理体系，确保公司的运营在道德和法律的框架内进行，提高了公司的整体风险管理水平。

（二）成立"虚线风控团队"

同程旅行在合规管理建设中成立了"虚线风控团队"，这个团队的设立有助于更全面地监测和管理风险，特别是在业务范围广泛的情况下，可以有效分散风险管理工作。虚线风控团队的成员来自各个业务线，每个业务线都有专职的风险管理人员，他们负责及时有效地防控风险，并将业务线的风险控制情况与风控审计部共享。这种分布式的风险管理模式可以更灵活地应对不同业务领域的风险挑战，并及时采取措施来应对风险事件。风控审计部通过虚线风控团队将需要推广的合规文化内容传递到各个业务线，有助于确保公司整体的合规意识、文化的传播和贯彻。这种协作模式有助于形成全员参与的合规文化，提高了公司在风险管理和合规方面的整体水平。

（三）打造廉洁合规创新产品

同程旅行通过创建创新的廉洁合规产品"为你优审"增强其合规管理体系。这个产品是一个数智信息化的管理体系，旨在为企业提供有效的监察审计服务，帮助企业预防风险、提升竞争力和盈利能力。具体而言，该产品采用全新的企业内控内审咨询服务，同时提供个性化的运营方案，以满足不同企业的合规需求。"为你优审"的核心思想在于强调审计的关注点应该放在经济事件背后涉及的人的行为上。这一方法通过监控行为模型，使审计更深入地了解与经济事件相关的人的行为，从而更有效地发现合规问题，提高合规性，优化企业的运营效率。同程旅行不仅通过"为你优审"增强了自身的合规管理能力，还为其他企业提供了一种创新的合规解决方案，有助于构建更透明和合规的商业环境。这个产品代表了公司在合规管理领域的努力，以确保其业务在法律和道德框架内运行，同时提高了风险管理水平。

三、结论与启示

同程旅行在企业合规管理方面采取了一系列重要举措，包括设立独立的合规部门、成立虚线风控团队，以及创新审计产品。这些措施为该公司建立了全面而有效的合规管理体系，有助于确保公司在法律、道德和商业标准方面的遵守，并提高了风险管理能力。由此，我们可以得到以下几点启示。

第一，独立合规管理部门的必要性。同程旅行的成功经验表明，企业应设立独立的合规管理部门，确保其在业务决策中独立运作。这有助于提高合规意识，及时发现和应对潜在风险，从而保护企业的声誉和利益。

第二，跨部门合作与信息共享。虚线风控团队的成立强调了跨部门协作和信息共享的重要性。信息流通有助于全面了解风险情况，从而更有效地应对挑战。企业应鼓励各业务线之间的密切合作，以便更好地监控和管理风险。

第三，技术创新在合规管理中的应用。创新审计产品"为你优审"展示了技术在合规管理中的巨大潜力。技术创新可以为合规管理带来全新的解决方案。企业应积极探索数字化和数智化工具，以提高审计效率，更准确地识别合规问题，降低合规风险。

（资料来源：由多方资料整理而成）

5.1 企业合规运营

企业合规运营是指企业在遵守相关法律法规和规范的基础上，有效管理和控制企业运营中的风险和不确定性，以保障企业的合法权益，实现经营目标。企业合规运营不仅仅是一项管理制度和流程的建立，更是一种文化和理念的建设。企业合规运营的目标是实现企业的稳健可持续发展，维护企业形象和声誉，增强企业的社会责任感和公信力。

(1) 企业合规运营的核心

企业合规运营的核心是建立和完善企业合规管理体系，基本思路如图 5-1 所示。

```
                                    4.建立合规流程
                          3.起草合规政策
                2.引进合规资源
    1.成立合规组织
```

图 5-1　企业合规运营体系建设的基本思路

企业合规运营体系主要有以下几个方面。

第一，制定合规政策和规程。企业应制定明确的合规政策和规程，明确规定员工在业务操作中需要遵守的法律法规、行业规范和企业内部规定。这些政策和规程应该涵盖企业的各个领域和业务活动，并与企业的价值观和战略目标保持一致。

第二，法律法规合规。企业必须遵守国家和地方的法律法规，包括但不限于《劳动法》《环境保护法》《中华人民共和国消费者权益保护法》及各种税法等。企业应建立相关制度和流程，确保员工了解和遵守法律法规，避免违法行为的发生。

第三，行业规范合规。除了法律法规，不同行业还有特定的行业规范和标准。企业应熟悉并遵守所属行业协会、行业组织或监管机构发布的相关规范和标准，确保在行业内合规经营。

第四，内部控制与风险管理。企业应建立健全的内部控制制度，包括风险识别、风险评估、风险管理和内部审计等措施。内部控制的目的是确保企业的运营和财务活动符合合规要求，减少违规行为的发生，并及时发现和纠正违规行为。

第五，培训和教育。为了提高员工对合规要求的理解和遵守能力，企业应开展合规培训和教育活动。这些活动可以包括内部培训课程、在线学习平台、定期会议和知识分享等，以确保员工具备合规意识和知识。

第六，外部合规审计。为了确保合规运营的独立性和客观性，企业可以委托第三方机构进行外部合规审计。外部审计机构会评估企业的合规政策和流程的有效性，检查企业是否符合法律法规和行业标准，并提供独立的合规意见和建议。

第七，风险管理与响应。企业应建立风险管理体系，对潜在的合规风险进行识别、评估和控制。当发现合规风险时，企业应迅速采取适当的响应措施，包括制订风险应对方案、修订合规政策和流程，以及加强内部监督与控制。

第八，沟通。企业合规运营需要加强内外部的沟通。内部沟通包括向员工传达合规政策和要求，解答疑问，澄清误解，并提供合规培训和指导。外部沟通则涉及与监管机构、利益相关者、合作伙伴和客户等的沟通，建立良好的合作关系和信任。

第九，监督与检查。企业应建立有效的内部监督与检查机制，定期评估合规情况，并及时纠正和改进不合规的行为。这包括内部审核、风险评估、合规检查等方法，以确保企业的合规运营。

第十，持续改进。企业合规运营是一个持续的过程，需要不断改进和优化。企业应定期评估合规政策和流程的有效性，及时根据实际情况进行调整和改进，以适应法律法规和市场环境的变化，同时合规管理也需要符合可持续发展，合规管理有 10 项重点规范领域，如图 5-2 所示。

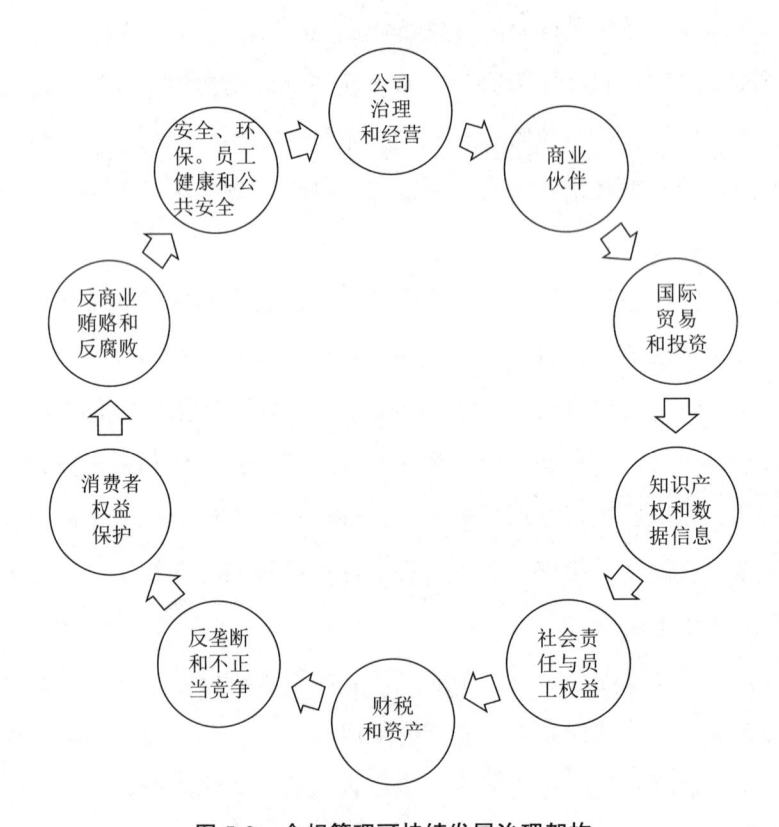

图 5-2　合规管理可持续发展治理架构

企业合规运营的目标是确保企业合法合规地开展业务，减少法律风险，维护企业的声誉和信誉。通过建立健全的合规管理体系和流程（见图 5-3），加强内部控制和风险管理。通过进行合规培训和教育，企业可以有效管理和控制合规风险，提高经营效率，增强市场竞争力。

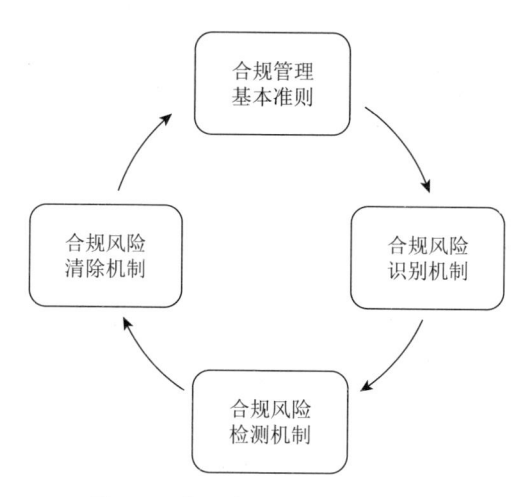

图 5-3　企业合规管理体系和流程

专栏 5-1

瑞芯微：合规赋能企业长期发展

瑞芯微电子股份有限公司（以下简称瑞芯微）成立于 2001 年，其专注于提供高性能、低功耗的集成电路解决方案，并主要用于移动互联网、智能家居、智能电视、智能车载和物联网等领域。作为中国领先的半导体公司之一，瑞芯微拥有强大的研发团队和技术实力。瑞芯微的产品包括高性能处理器、多媒体处理器、无线通信芯片和图像处理器等，这些产品广泛应用于全球各个领域。瑞芯微致力于创新和技术进步，公司持续投入大量资源进行研发，并与全球领先的合作伙伴合作，推动技术的发展和应用。瑞芯微的产品在市场上享有良好的声誉，得到了广大客户的认可和信赖。

一、财务合规

瑞芯微注重财务合规的管理,确保其财务报告的准确性和及时性。企业采用专业的财务部门对财务数据进行收集、记录和汇总,并遵循国际会计准则和国内相关法律法规的要求进行报告。此外,瑞芯微还与独立的审计机构合作,对其财务报告进行审计和验证。通过确保财务合规,瑞芯微能够提供可靠的财务信息,增强投资者和合作伙伴的信任。

二、内部控制合规

内部控制合规体系是瑞芯微着力发展的一个方面。瑞芯微致力于建立和完善内部控制体系,以确保业务的合规性和稳健性。通过制定明确的内部控制政策和流程,企业能够规范各项业务活动,包括风险管理、资源分配、信息披露和合规审查等方面。此外,瑞芯微还定期进行内部控制自评和审计,以持续改进和优化其内部控制体系。通过加强内部控制合规,瑞芯微能够有效预防和应对潜在的风险,并保护企业和利益相关者的利益。

按照企业内部控制规范体系的规定,建立健全和有效实施内部控制,评价其有效性,并如实披露内部控制评价报告是公司董事会的责任。监事会对董事会建立和实施内部控制进行监督。经理层负责组织领导企业内部控制的日常运行。公司董事会、监事会及董事、监事、高级管理人员保证本报告内容不存在任何虚假记载、误导性陈述或重大遗漏,并对报告内容的真实性、准确性和完整性承担个别及连带法律责任。公司内部控制的目标是合理保证经营管理合法合规、资产安全、财务报告及相关信息真实完整,提高经营效率和效果,促进实现发展战略。

三、结论与启示

瑞芯微在财务合规和内部控制合规方面的努力和实践,为公司提供了可靠的财务信息和稳健的业务运作。这不仅增强了投资者和合作伙伴对公司的信任，也为公司的发展战略和目标提供了支持。瑞芯微将继续致力于财务合规和内部控制合规的持续改进和优化，以确保公司长期稳健发展的可持续性。

从瑞芯微在合规管理方面的实践中，我们能得到以下启示。

第一，财务合规的重要性。瑞芯微非常注重财务合规，确保财务报告的准确性和及时性。这有助于建立投资者和合作伙伴的信任，促进企业的可持续发展。

第二，内部控制合规的关键性。内部控制合规体系对于企业的长期稳健经营至关重要。瑞芯微的做法是建立明确的内部控制政策和流程，以确保业务合规性和稳健性。

第三，领导层和监督机构的责任。瑞芯微强调了不同层面的责任分工，公司董事会、监事会、经理层都在内部控制合规中发挥着关键作用。这种明确的责任分工有助于确保内部控制的有效实施和监督。

（资料来源：由多方资料整理而成）

（2）企业合规运营是一个综合性工作

企业合规运营是一个涵盖多个方面的综合性工作，涉及法律、税务、财务、环境、安全等领域，具有较高的复杂性和风险性。以下是一些企业合规运营的相关内容。

第一，法律合规。企业必须遵守国家法律法规、行政法规、部门规章、标准和规范等相关法律法规，建立并落实合规管理制度，开展合规培训和宣传，确保企业各项业务的合法合规运营。

第二，税务合规。企业应当遵守国家税收法律法规，准确申报税款并按时缴纳，主动接受税务机关的检查和监管，积极参与税收优惠政策，确保企业税务合规运营。

第三，财务合规。企业应当建立健全的财务管理制度，按照会计法规定进行会计核算和报表编制，保证财务数据的真实、准确、完整，防范财务风险，确保企业财务合规运营。

第四，环境合规。企业应当遵守《环境保护法》，实行环境管理制度，开展环境保护宣传教育，积极探索节能减排和资源循环利用的途径，确保企业环境合规运营。

第五，安全合规。企业应当遵守安全生产法律法规，建立健全的安全生产管理制度，开展安全生产培训和宣传，加强安全风险管理，确保企业安全合规运营。大数据时代下，数据安全合规也需要企业关注，但是建立数据安全合规体系有一定的难度，如图5-4所示。

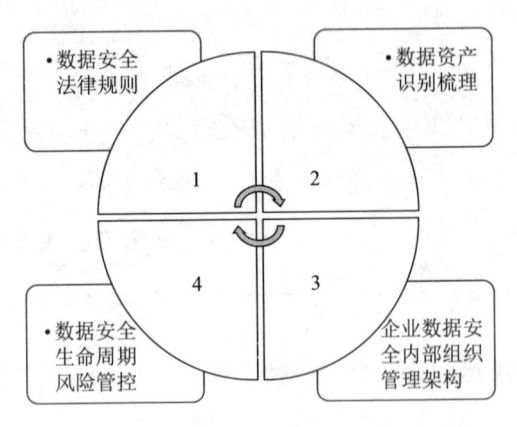

图 5-4　数据安全合规体系构建的难点

第六，内部合规。企业应当建立健全的内部合规管理制度，制定并实施内部控制措施，加强内部审计和风险评估，防范内部违规行为和不当操作，确保企业内部合规运营。

（3）企业合规运营是企业管理的基础

企业合规运营是企业实现可持续发展的重要保障，对企业的稳定发展和长远利益具有重要意义。企业合规运营的重要性主要表现在以下几个方面。

第一，避免法律风险和经济风险。企业在合规运营的过程中，能够及时发现和处理潜在的法律和经济风险，避免不必要的诉讼和经济损失。

第二，提升企业形象。合规运营可以促进企业的可持续发展，增强社会责任感，树立良好的企业形象和口碑，从而获得更多的社会信任和支持。

第三，提高企业效益。合规运营可以规范企业的经营行为，减少非法成本和经济损失，提高企业效益。

第四，符合法律法规要求。合规运营可以帮助企业遵守法律法规的要求，避免违法行为所带来的法律后果。

5.2 企业合规管理

企业合规管理是指企业在经营活动中，依据相关法律法规、规范和行业要求，遵守各项规定，履行社会责任，保持诚信经营的一系列管理措施和实践，主要环节如图 5-5 所示。企业合规管理旨在保障企业经营合法合规、规范有序、风险可控，维护企业和员工的合法权益，促进企业可持续发展。

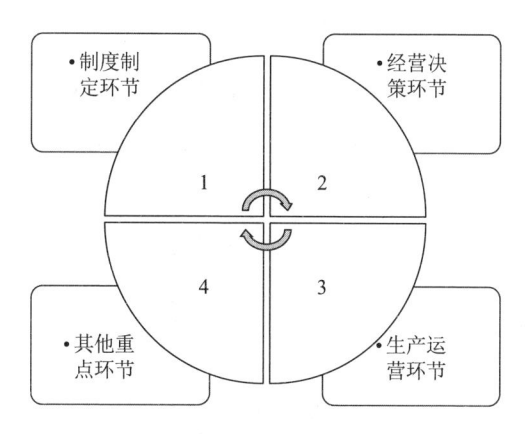

图 5-5　企业合规管理主要环节

企业合规管理的主要内容有以下七点。

第一，法律法规合规管理。企业应根据自身业务特点、经营区域和行业性质，制定符合法律法规的经营规范和行为准则，规范企业经营行为。例如，应当明确公司章程、劳动合同、合作协议、知识产权等的签订、履行、终止等规定，以及企业从业人员遵守行业准则、安全规定、环保要求等方面的规定。

第二，内部控制合规管理。企业应在组织架构、制度流程、内部控制等方面健全自身管理体系，规范企业内部管理，确保企业内部运作合规。这些制度和规范可以涉及法律合规、财务合规、税务合规、环境合规、安全合规等方面。例如，应建立健全的企业内部控制制度、预防和监测内部风险等制度，建立风险管理机制、数据安全保护等制度。

第三，风险合规管理。企业应对各类经营风险进行有效的监控、评估和控制，保证企业经营风险可控，防范可能的合规风险。同时，还应积极响应相关监管机构的合规检查和审计，及时纠正不合规行为。

第四，建立合规组织和人员。企业应设立专门的合规部门或委员会，负责制定和执行合规策略，监督合规流程，并提供合规培训和咨询支持。同时，企业还需要指定合规责任人，确保合规管理的有效实施。

第五，诚信合规管理。企业应以诚信经营为基本原则，遵循市场规则，加强合规宣传教育，提高员工的合规意识，以确保企业诚信经营。例如，应制定反商业贿赂、反垄断、反不正当竞争等规定，加强企业诚信风险管理。

第六，合规监督管理。企业应对内部各项制度的实施情况和运行效果进行定期检查和监督，建立健全的内部合规监督机制，确保企业经营合规、稳健发展。例如，应建立内部审计和合规监督机构，实施全面的内部审计和风险管理，及时发现问题并采取纠正措施。此外，企业还应鼓励员工和利益相关方提供合规管理的反馈和建议，不断改进和完善合规管理体系。企业应建立畅通的举报和投诉渠道，鼓励员工和利益相关方向企业提供合规违法行为的线索和信息。同时,保护举报人的合法权益,并及时处理和调查相关举报和投诉事项。

第七,建立合规文化。企业应倡导和塑造合规文化,强调诚信、透明和道德规范,建立和维护良好的企业形象。加强对合规文化的建设和推广,注重内部员工的培训和教育,增强员工合规意识和责任感,形成良好的企业文化。

企业合规管理是一个系统工程,需要全员参与和长期坚持。合规管理有助于提升企业的竞争力,减少法律风险,增强市场信誉,为企业的可持续发展提供坚实的基础。对于中央企业来说,还有一套合规管理指引,如图 5-6 所示。

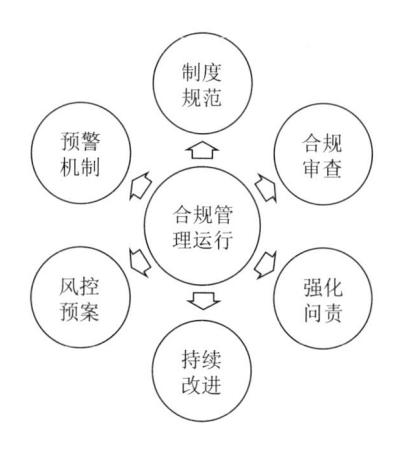

图 5-6 中央企业合规管理指引

专栏 5-2

锦浪科技:多方合规管理

锦浪科技股份有限公司(以下简称锦浪科技)创建于 2005 年。公司立足于新能源行业,是一家专业从事光伏发电系统核心设备组串式逆变器研发、生产、销售和服务的高新技术企业,是全球第三大光伏逆变器制造商。

公司于 2019 年 3 月 19 日在深交所成功上市，是首家以组串式逆变器为最大主营业务的 A 股上市企业，也是全球第一家获得第三方权威机构 PVEL 的可靠性测试报告的逆变器企业。锦浪科技正用国际的视野布局长远，坚持以产品为中心，设身处地地为客户着想，用技术的力量推动清洁能源成为全球主力能源。

一、组织架构合规管理

锦浪科技通过明确的组织结构、议事规则和内部监督机构，以及对合规文化的重视，建立了一个合规管理体系，确保公司在法律法规和治理要求方面运营顺畅，同时提高了公司的治理透明度和内部效率。这有助于公司在市场上保持竞争力并取得长期的可持续发展。

第一，公司治理结构。锦浪科技的治理结构严格遵循了中国的法律法规，公司内部设立了三个核心机构，分别是股东大会、董事会和监事会。这三个机构在公司治理中扮演不同的角色，股东大会代表公司的股东行使决策权，董事会是执行机构，负责公司的日常经营和决策，监事会则起到监督机构的作用，确保公司的合规经营并监督高级管理层的行为。

第二，董事会和委员会。董事会是公司的核心执行机构，负责制定公司的战略和政策。为了确保决策的透明和有序，公司制定了相关的议事规则，同时设立了战略委员会、提名委员会、审计委员会和薪酬与考核委员会等专门委员会，这些委员会在董事会下设，负责提供专业建议和监督，明确了各个委员会的职责和权限。

第三，监事会。监事会作为公司的监督机构，负责监督董事会和高级管理层的行为，以确保其合规经营和职责履行。监事会的存在增强了公司的内部制衡机制，有助于防止权力滥用和不当行为。

二、人力资源管理合规

锦浪科技的人力资源管理合规体现了公司对人才的重要性，以及对员工权益和发展的关注。锦浪科技不仅建立了详细的管理制度，还注重人才的吸引、培养和发展，以确保员工在公司内得到合理的薪酬和职业发展机会。公司的人力资源管理将继续与公司的发展相适应，为公司的长期成功提供关键支持。

公司秉承以人为本的理念，致力于建立吸引、激励人才的机制和管理体系。随着公司的不断发展，公司将继续优化国内和国际人才资源的配置，促进人才的合理分布，以最大限度地发挥员工的优势，为高级尖端技术人才和管理人才提供施展才能的平台，以适应公司快速发展的需求。为了改善人才发展状况，公司积极开展内部导师带教计划，旨在为新员工传授经验和相关知识。这个计划有助于培养公司各岗位的后备人才，提高员工的综合素质和职业发展机会。

三、结论与启示

锦浪科技在组织架构合规管理和人力资源管理方面展现了高度的责任感。公司通过明确的治理结构、制度建设和内部监督机构，建立了有效的合规管理体系，有力地支持了公司的经营稳健和治理透明。公司以人为本的理念，建立了完善的人才吸引、培养和发展机制，致力于为员工提供有竞争力的薪酬和职业发展机会，以满足公司快速发展的需求。由此，我们可以得到以下几点启示。

第一，合规管理的重要性。锦浪科技的成功经验表明，合规管理是企业稳健经营的关键。制定明确的治理结构和规范制度有助于降低风险，提高公司的治理透明度，加强内部监督，确保公司按法律法规要求运营。

第二，以人为本的理念。公司秉承以人为本的理念，充分认识到员工是企业成功的核心。为员工提供培训、薪酬和职业发展机会有助于吸引和留住优秀的人才，为企业长期发展提供坚实的人才基础。

第三，内部导师带教计划。公司的内部导师带教计划为新员工提供了宝贵的学习机会，有助于传承经验和知识。其他企业可以考虑采用类似计划,以加速员工的成长和发展,构建强大的后备人才梯队。

(资料来源:由多方资料整理而成)

5.3　企业合规应用

企业合规应用是指将合规要求与实际运营相结合,将合规管理理念和措施应用于企业的日常经营活动中。企业合规应用的目标是确保企业在法律、道德和行业规范的框架下开展经营,并有效管理和控制相关风险。企业合规应用涉及多个方面,从制定政策到实施控制措施、应用的场景和技巧、建立合作关系,以及监测和报告合规情况等,以确保企业的合规运营和可持续发展。

专栏 5-3

福莱特:反腐败管理合规

福莱特玻璃集团股份有限公司(以下简称福莱特)创始于1998年6月,是目前全球最大的光伏玻璃生产商之一,集玻璃研发、制造、加工和销售为一体。福莱特主要产品涵盖太阳能光伏玻璃、优质浮法玻璃、工程玻璃、家居玻璃四大领域,并涉及太阳能光伏电站的建设和石英岩矿开采,通过多年关键核心技术研发与产品迭代,如今已形成完整的产业链。福莱特于2015年11月在香港联交所上市,2019年2月在上海证券交易所主板上市,始终坚守光伏玻璃行业,在自我变革中不断突破发展,有力推动光伏产业结构升级及低碳化进程,为全球的清洁能源转型及碳中和目标的实现贡献力量。

一、反腐败管理体系

福莱特严格遵守法律法规的要求，制定《公司廉政自律规定》《防止舞弊与鼓励举报制度》《员工廉政承诺书》《廉政自律合同》，持续搭建并完善反腐败制度体系，建立了自上而下的廉洁从业管理架构。福莱特董事会决定反腐败管理目标，对反腐败管理的有效性负责，高级管理层负责落实反腐败管理实践工作，监事会对董事会、高级管理层反腐败管理履职情况进行监督。福莱特在《员工手册》中明确对员工受贿行为的处罚、处理措施，要求员工在入职时即签署《廉洁承诺书》，杜绝贪污腐败、勒索、欺诈、洗钱等行为，对商业道德及反贪污腐败相关事宜做出积极承诺。福莱特积极开展廉洁文化建设，定期组织反腐败合规经营培训会议，向全体员工宣讲公司的反腐败政策，同时邀请外部专家科普商业贿赂、职务侵占和挪用资金等职务犯罪的法律后果，持续提升员工反腐败意识。福莱特重视采购过程的反腐败工作，持续加强采购工作反腐败管理，要求所有供应商遵守公司的反腐败政策。福莱特在采购的格式合同中加入明确的廉洁自律条款，向供应商传递反贪污的原则，鼓励供应商廉洁自律对不适用格式合同的采购交易，积极推动与供应商额外签订《廉政自律合同》，呼吁所有供应商严格践行廉洁原则。

二、反腐败监督审计

福莱特严格落实反腐败风险监督与识别，依据历史高发风险点和反腐败政策定期对公司各业务部门进行系统的风险评估，针对腐败重点、风险点展开内部专项商业道德审计，确保每年开展一次专项审计，三年内完成全公司范围的反腐败审计工作。

第一，严肃处理违反反腐败政策行为。福莱特对违反反腐败相关法律法规或公司规定的员工，采取严肃的问责处理措施，针对情节严重的违规行为，对相关员工予以辞退开除处理，涉嫌犯罪的将依法移送司法机关进行处理。福莱特对年度评审中商业道德方面表现不佳的供应商，会发出整改通知，并提供指导建议，对年度复审整改不合格的供应商，将从《合格供应商名录》中删除。

第二，全面贯通员工检举举报途径。福莱特设立微信小程序、电话热线、电子邮箱、信函等举报渠道，以便员工能够以实名或匿名的方式进行投诉和举报。福莱特审计部会审慎调查举报事项，并上报高级管理层，确保所有举报事项得到妥善处理，采取适当的纠正措施。

三、结论与启示

福莱特在反腐败管理方面采取了一系列切实可行的措施，包括制定相关规定、建立管理架构、开展培训和监督审计等，形成了一套完整的反腐败管理体系。这一体系涵盖了公司内部员工和外部供应商，旨在确保公司在商业道德和法律法规方面持续合规运营。从中，我们可以总结出以下启示。

第一，制定明确的反腐败政策和规定是关键。福莱特的成功经验表明，制定《公司廉政自律规定》等文件能够为员工和供应商提供明确的行为准则，加强了廉洁从业的要求，有助于杜绝腐败行为。

第二，培养反腐败意识至关重要。福莱特通过定期培训和外部专家科普活动，提升了员工对反腐败的敏感性。同时提示其他组织要持续投资于员工培训，以加强他们对商业道德和法律法规的了解。

第三，建立举报机制是关键一环。福莱特设立了多种举报渠道，鼓励员工举报不正当行为。这种开放性和安全性的机制可以提高违规行为的曝光率，有助于快速采取纠正措施。其他企业也应该积极建立类似的举报机制，以保障内外部人员的合法权益。

（资料来源：由多方资料整理而成）

（1）企业合规应用的实际操作和应对策略

第一，制定详细的合规政策和流程。确保合规政策具体明确，包含实施细则和操作流程，以便员工能够理解和遵守。建立合规培训和教育计划，为员工提供定期的合规培训和教育，提高他们的合规意识和知识水平，使其能够正确应对合规挑战。

第二，风险识别和管理。采用系统性的方法来识别和评估潜在的合规风险，并制定相应的管理和控制措施，以降低风险的发生和影响。

第三，加强内部控制和监督。建立健全的内部控制体系，包括流程审批、制度建设、内部审计等，确保合规要求得以有效执行，并及时发现和纠正问题。

第四，建立合作与沟通机制。与政府部门、行业协会、利益相关者等建立良好的合作关系，及时了解最新的法规和行业动态，并与他们进行沟通和合作，以确保合规运营。

第五，进行定期合规审查和自查。企业应定期进行内部合规审查和自查，检查合规政策的执行情况，发现潜在问题，并及时采取纠正措施。

第六，利用技术手段支持合规。应用信息技术工具，如合规管理系统、数据分析等，辅助合规管理的监控和控制，提高合规效率和准确性。

（2）企业合规应用的场景和技巧

第一，定期合规审核。企业应定期进行内部合规审核，检查合规政策的执行情况和合规风险的存在，并及时采取纠正措施。这有助于确保合规管理体系的有效性，符合要求。

第二，制定合规监控措施。通过合规监控措施，如内部审计、风险评估、合规自查等，可以持续监控合规情况，及时发现和解决问题，并提供数据支持和依据。

第三，建立举报渠道和保护机制。企业应建立合规举报渠道，鼓励员工和利益相关方举报合规违规行为，并提供保护机制，确保举报者的安全和保密。

第四，制定合规奖惩制度。制定合规奖惩制度，对合规表现突出的员工进行奖励，对违反合规规定的员工进行惩罚，形成合规的正向激励机制。

第五，强化合规文化建设。通过培养和强化企业的合规文化，使合规成为员工行为的自然习惯。可以通过组织内部培训、沟通和宣传活动等方式加强合规文化的建设。

第六，利用技术手段支持合规。应用信息技术工具，如数据分析、人工智能等，可以辅助合规管理的监控和控制，提高合规效率和准确性。

以上是企业合规应用的一些实际操作和应对策略，以及场景和技巧的简要概述。在实际应用中，企业需要根据自身情况进行具体的分析和选择，确保合规管理能够有效落地和持续改进。

篇末案例

新希望六和：自上而下建立廉洁合规体系

农业正在迅速数字化，农民使用传感器、智能农机和数据分析等技术提高农业生产的效率和质量，这种农业技术的采用不断增加，被称为"智能农业"或"农业4.0"。农产品的国际贸易仍然是全球农业行业的重要组成部分，不同国家之间的贸易合作和竞争对全球食品供应链产生了重大影响。可持续农业实践在全球范围内受到关注，包括减少化肥和农药的使用、提高土地管理、水资源管理和减少农业碳排放。农业企业也面临着一系列合规问题，合规对于确保农业的可持续性、食品安全和社会责任至关重要。农业企业和政府机构需要积极采取措施来解决这些问题，确保农业行业在合规方面达到高标准。

一、公司简介

新希望六和股份有限公司（以下简称新希望六和）是中国农业产业化国家级重点龙头企业之一，公司的长远愿景是以"打造世界级农牧企业和美好公司"为目标。新希望六和于1998年以四川新希望农业股份有限公司的身份创立，并于同年3月11日在深圳证券交易所成功上市。2005年，公司与山东六和集团强强联合，进一步壮大业务。2011年，经中国证监会批准资产重组，公司正式更名为新希望六和股份有限公司。公司的核心领域聚焦于食品和现代农业，坚持稳健的发展战略，全产业链覆盖饲料、养殖、肉制品及金融投资等业务领域。新希望六和的业务网络遍布全国各地，同时还涵盖近20个国家和地区，包括越南、菲律宾、孟加拉、印度尼西亚、柬埔寨、斯里兰卡、新加坡、埃及等地。新希望六和以"为耕者谋利、为食者造福"为企业使命，打造了鸡、鸭、猪三条农牧产业链，以"基地+终端"模式，通过实施"福达计划"和贯穿全产业链的安全环保（SHE）体系，打造安全可靠的食品供应生态链，与合作伙伴一起，为消费者提供安全可靠的肉制品。

二、合规管理实施及其效果

新希望六和于2020年结合公司经营战略规划、业务发展实际情况，以及合规治理发展现状，整合资料、创新升级、自上而下建立了廉洁合规体系。新希望六和的反舞弊廉洁合规体系是一个真实可行的体系，在公司的各个层面追求"不能腐、不想腐、不敢腐"的目标。这是一个持续不断改进的过程，以确保公司的商业运营始终保持高度诚信和合规性。

（一）新希望六和廉洁合规体系

新希望六和廉洁合规体系分为指导纲领、制度规范、实施细则、操作指引四个层级，每个层级配套相对应的、详细的制度规定。

第一层是指导纲领。包括了《经理人行为准则》《员工职业操守准则》

《员工阳光承诺书》《阳光合作协议》。这是公司的行为守则，是灯塔，指引着每位员工在商海中保持廉洁和正直。

第二层是制度规范。这里汇集了一系列关键文件，如《新希望六和六道红线》《猪产业红线管理细则》《食品安全红线管理办法》《员工利益冲突申报管理办法》《内部问责制度（试行）》《责任追究管理办法 3.0》。这些规范确保公司在各个方面都遵守了法规，保持了道德的高地。

第三层是实施细则。这包括了《财务十条》《审计监察"六不准"》《法律五不准》《营销业务人员红线》《人事黑名单管理实施细则》等内容。这些细则为每个业务领域提供了具体的操作指南，确保公司的每个细节都合规。

最后一层是操作指引。这是各产业板块各自细化的操作流程和指引，确保员工能够按照具体的合规要求进行操作，而不会迷失在规章制度之中。

新希望六和的目标是将廉洁合规要求全面、全程融入公司的经营管理之中。2020 年是新希望六和的重大转折点，也使他们踏上一条更高尚、更廉洁的发展之路。这个目标将伴随着他们，引领他们向着光明的未来前行。

（二）审计监察部完善反舞弊廉洁合规体系

根据"舞弊三角"理论，为防止舞弊行为的发生，审计监察部采取了一系列细致入微、真实可行的措施，以完善、升级和不断更新公司的反舞弊廉洁合规体系，确保公司内外都充满了"不能腐、不想腐、不敢腐"的氛围。

第一，公司着力建立了一套内控制度。这些制度是不断迭代更新的，旨在堵住潜在的漏洞。审计监察部与各部门紧密合作，审查和优化各个流程，确保公司的运作在各个层面都充分合规。财务流程中的审批程序经过多次改进，以减少潜在的滥权机会。这些内控制度的更新是持续的，以适应不断变化的业务环境和法规要求。

第二，构建了一套反舞弊宣传培训体系。以提高员工的诚信意识。培训不仅是一次性的活动，也是一个持续不断的过程。公司定期举办各类培训，包括道德和合规培训、风险教育和举报机制培训等。这些培训帮助员工了解潜在的舞弊风险，知道如何识别并报告可疑行为。此外，公司还鼓励员工参与诚信文化建设，将诚信和廉洁的理念融入他们的日常工作中。

（三）建立一套协同落地的反舞弊调查及纪监衔接机制

审计监察部与公司内部的纪检部门及外部的监管机构建立了有效的合作机制。一旦出现可疑行为，调查程序会立即启动，确保及时而彻底地进行调查。同时，公司也强调"零容忍"政策，对违反廉洁合规规定的行为采取严厉的纪律措施。这种强有力的纪监衔接机制令广大员工"不敢腐"，因为他们知道不法行为必将受到严肃处理。

三、结论与启示

新希望六和的反舞弊廉洁合规体系为其他企业提供了有益的启示，强调了合规文化的建设、内外部合作，以及零容忍政策的重要性。通过这些要点，企业可以更好地保护自己免受舞弊行为的侵害，确保商业运营的诚信和持续性。

总结新希望六和的反舞弊廉洁合规体系的经验，我们可以得到以下启示。

第一，持续的反舞弊文化建设是关键。新希望六和的成功在于将反舞弊文化融入公司 DNA 中，通过定期培训和宣传，确保员工了解诚信和合规的重要性。公司应该不断强化合规文化，让员工深刻理解廉洁合规的价值和意义。

第二，内外部合作是必要的。新希望六和与内部纪检部门和外部监管机构的合作机制是确保合规的关键。公司应积极与各方建立合作伙伴关系，以便及时发现和应对潜在的合规风险。

第三，零容忍政策具有威慑作用。新希望六和的"零容忍"政策向员工传递了明确的信息，即不法行为将受到严惩。这告诉我们，公司应该坚决执行合规政策，以确保所有员工都清楚违规行为的后果，从而降低潜在的不道德行为风险。

（资料来源：由多方资料整理而成）

本章小结

①企业合规的概念和重要性。

②企业合规运营的要素和关键点，包括内部控制、风险管理、合规培训等。

③企业合规管理的方法和实践，包括合规体系建设、合规审计、合规风险评估等。

④企业合规应用的场景和技巧，包括数据隐私保护、知识产权保护、反腐败合规等。

⑤企业合规案例，包括行业内的典型案例和企业实践的案例分析。

参考文献

[1] 蔡琼. 企业税务合规要素的分析与构建[J]. 上海管理科学，2013，35（3）：60-65.

[2] 陈洪安. 企业商誉的特征与保护[J]. 经济管理，2001（13）：7-18.

[3] 陈骏，徐玉德. 内部控制与企业避税行为[J]. 审计研究，2015（3），100-107.

[4] 陈明，王娟. 企业合规审计的内容构成与实施策略研究[J]. 审计研究，2019，9（3）：42-49.

[5] 陈瑞华. 企业合规制度的三个维度——比较法视野下的分析[J]. 比较法研究，2019（3）：61-77.

[6] 陈瑞华. 有效合规管理的两种模式[J]. 法制与社会发展，2022，28（1），5-24.

[7] 陈曦，李慧. 基于风险管理的税务合规控制研究[J]. 商业会计，2017（2）：23-25.

[8] 陈小玲，陈桂香，刘秀红. 企业合规管理现状及提升策略研究[J]. 管理工程学报，2019，33（1）：49-54.

[9] 陈晓霞，王慧敏，汪亚东. 企业合规审计概述与实践研究[J]. 财务与会计，2018，12（2）：50-57.

[10] 陈怡璇，黄钰菁. 新兴信息技术创新推动医院内部审计发展案例研究[J]. 商业会计，2021（4）：98-100.

[11] 崔子启. 企业税务筹划和税务管理的思考研究[J]. 知识经济, 2020（16）: 9-16.

[12] 戴维. 浅谈内部审计对企业效率与内部控制的平衡——以通信企业为例[J]. 财会通讯, 2012（22）: 2.

[13] 段洁梅, 程蕊. 企业合规审计内容要素的构建[J]. 财经理论与实践, 2021, 42（6）: 62-67.

[14] 樊建民. 污染环境罪司法适用的困境及其破解[J]. 法商研究, 2022, 39（3）: 157-170.

[15] 樊丽. 深入推进合规管理 有效防控资金风险[J]. 中国总会计师, 2017（6）: 40-42.

[16] 高栋, 郝琼. 基于税务风险管理的企业税务筹划研究[J]. 税务研究, 2018（10）: 72-74.

[17] 高慧琴, 王兵. 企业合规审计原则、分类与方法综述[J]. 审计与经济研究, 2016, 11（2）: 45-53.

[18] 龚明华. 互联网金融：特点、影响与风险防范[J]. 新金融, 2014（2）: 8-10.

[19] 管俊. 公司治理、内部控制与风险管理——以中航油案例分析为基础[J]. 经济研究导刊, 2016（18）: 16-18.

[20] 郭光丽. 企业税务合规评价指标体系构建及应用研究[J]. 税务研究, 2019（2）: 32-36.

[21] 郭婷婷, 马红梅. 从税务合规理念到税收诚信建设[J]. 外经贸实务与理论, 2019（3）: 108-109.

[22] 郭永华, 周辉. 企业合规审计程序及其优化研究[J]. 经济管理, 2018, 40（6）: 48-54.

[23] 韩轶. 企业刑事合规的风险防控与建构路径[J]. 法学杂志, 2019, 40（9）: 1-8+149.

[24] 韩忠雪, 骆嘉慧. 我国农商行股东治理问题研究——基于D农商行的案例研究[J]. 中国集体经济, 2019（32）: 88-89.

[25] 胡德龙. 浅析企业税务合规管理中的风险评估[J]. 软科学, 2019(9): 39-42.

[26] 胡永富. 税务合规的基本原则[J]. 中国税务, 2010(12): 12-16.

[27] 黄小龙. 万科A独立董事独立性案例分析[J]. 合作经济与科技, 2021(12): 142-143.

[28] 黄燕, 李明. 企业合规审计概述及其对审计工作的启示[J]. 现代经济研究, 2017, 10(3) 63-68.

[29] 解铃. 企业合规性管理研究[D]. 马鞍山: 安徽工业大学, 2019.

[30] 金伟平. 企业合规管理的路径与实践[J]. 管理世界, 2016(10): 69-80.

[31] 雷琰. 构建合规文化 强化内控执行 提升管理成效[J]. 现代经济信息, 2013(4): 57-58.

[32] 雷永利. 健全企业内控合规与风险管理体系[J]. 中国金融, 2023(2): 91-92.

[33] 黎宏. 合规计划与企业刑事责任[J]. 法学杂志, 2019, 40(9): 9-19.

[34] 李本灿. 企业犯罪预防中合规计划制度的借鉴[J]. 中国法学, 2015(5): 177-205.

[35] 李本灿. 刑事合规制度的法理根基[J]. 东方法学, 2020(5): 32-44.

[36] 李春艳. 税务风险评估方法探讨[J]. 税务研究, 2019(7): 48-53.

[37] 李会超. 新形势下企业合规管理面临的新挑战及实施路径探讨[J]. 企业改革与管理, 2019(7): 20-21.

[38] 李继海. 从"税收合规"到"税务合规"[J]. 经济研究导刊, 2015, 31(22): 118-119.

[39] 李杰. 企业税务合规的构建[J]. 法制与社会, 2021(10): 50-51.

[40] 李静, 石旭东. 税务合规管理的现状与发展趋势[J]. 东北财经大学学报, 2019(1): 112-118.

[41] 李娜. 从税务风险管理到税务合规管理[J]. 国际税务研究, 2018(1): 13-19.

[42] 李鹏, 秦潇洋. 基于财务合规的公司治理效应研究[J]. 经济研究导刊, 2020(12): 108-109.

[43] 李英梅. 对企业财会内控监督机制的建设思考［J］. 中国商论, 2019（5）: 194-195.

[44] 李颖, 薛天宇, 尤婷. 基于ERP的财务合规管理机制研究［J］. 商业研究, 2019（8）: 147-150.

[45] 李玉华. 我国企业合规的刑事诉讼激励［J］. 比较法研究, 2020（1）: 19-33.

[46] 李志国, 王晓明. 企业合规风险管理研究综述［J］. 财会月刊, 2017（9）: 40-42.

[47] 李志强, 陈红. 企业合规审计的原则、分类及方法研究［J］. 审计研究, 2017, 8（1）: 30-36.

[48] 梁东兴, 邓海燕. 税务合规风险评估及控制策略研究［J］. 河南财经政法大学学报, 2021（2）: 31-38.

[49] 林君寿. 对企业合规管理与内部控制建设整合的思考［J］. 中外企业家, 2020（17）: 47.

[50] 刘丛丹. 上市公司生物资产会计信息披露案例研究［J］. 江苏商论, 2022（9）: 90-91+107.

[51] 刘慧. 税务合规管理体系构建及其启示［J］. 税收研究, 2017（8）: 24-29.

[52] 刘建华. 企业合规文化的构建与推进［J］. 现代企业家, 2018（4）: 36-37.

[53] 刘建忠. 企业内部刑事合规风险防控及框架设计［J］. 山东国资, 2023（21）: 63-64.

[54] 刘洁. 税务合规管理制度建设的路径与探讨［J］. 财经研究, 2017（8）: 68-75.

[55] 刘婧漪. 证券公司创新业务的合规管理［D］. 成都: 西南财经大学. 2016.

[56] 刘靖. 企业合规审计依据制度创新研究［J］. 现代财经, 2018（8）: 64-66.

[57] 刘立军. 关于内部审计具体准则的几点思考［J］. 中外会计, 2017（12）: 54-56.

[58] 刘猛, 赵永亮. 合规性与企业创新——理论分析与经验证据［J］. 产业经济研究, 2020（6）: 68-82.

[59] 刘涛，张华. 企业合规审计内容的研究与探索［J］. 内部审计研究，2018，4（2）：65-72.

[60] 刘熙，沈茜，王琳琳. 公司治理合规的概述与实践［J］. 国际贸易问题，2021（5）：84-92.

[61] 宋静雯. 公司治理合规的法律保障研究［J］. 中国公司法研究，2019（6）：20-25.

[62] 刘宪权. 人工智能时代证券期货市场刑事风险的演变［J］. 东方法学，2021（2）：43-53.

[63] 刘智勇，王忆平. 企业合规治理结构与业绩关系研究［J］. 管理科学学报，2014（5）：143-156.

[64] 龙小宁，万威. 环境规制、企业利润率与合规成本规模异质性［J］. 中国工业经济，2017（6）：155-174.

[65] 卢勤忠. 民营企业的刑事合规及刑事法风险防范探析［J］. 法学论坛，2020，35（4）：127-137.

[66] 罗鑫，张俊杰，王璐. 税务风险管理研究综述与展望［J］. 国际经贸探索，2020（1）：73-80.

[67] 马小勇，张萌. 税务合规中的风险管理与应对策略探析［J］. 税务研究 2017（4）：40-44.

[68] 马晓静. 电商直播行业税务合规风险防范研究［J］. 财会研究，2022（12）：23-29.

[69] 马新军，黄晨晖，苏瑞娟. 税务风险管理制度研究［J］. 现代财经，2018（4）：87-88.

[70] 毛新述，孟杰. 内部控制与诉讼风险［J］. 管理世界，2013（11）：11.

[71] 孟倩. 金融科技背景下财务合规管理研究［J］. 中国企业家，2018（8）：88-89.

[72] 蒲欣玲，李寿康. 企业税务风险识别与评估方法研究［J］. 会计导刊，2019（8）：47-50.

［73］秦文. 营改增对企业财务管理的影响及应对策略［J］. 财经界，2013（33）：253.

［74］苏如飞. 合规管理视角看幌骗案例——美摩根大通银行巨额罚单分析［J］. 金融市场研究，2021（1）：74-78.

［75］孙光国，杨金凤，郑文婧. 财务报告质量评价：理论框架、关键概念、运行机制［J］. 会计研究，2013（3）：27-35+95.

［76］孙光国，杨金凤，郑文婧. 财务报告质量评价：理论框架、关键概念、运行机制［J］. 会计研究，2013（3）：27-35+95.

［77］孙国祥. 企业合规改革实践的观察与思考［J］. 中国刑事法杂志，2021（5）：23-41.

［78］孙国祥. 刑事合规的理念、机能和中国的构建［J］. 中国刑事法杂志，2019（2）：3-24.

［79］孙文刚. 企业合规管理与审计衔接机制框架分析［J］. 财务与会计，2020（2）：69-70.

［80］唐荣华，陈涛. 基于过程控制的财务合规管理研究［J］. 管理科学. 2019（3）：149-155.

［81］唐昕玥. 建筑企业税务风险控制研究［J］成都：四川师范大学，2022.

［82］田泽荣，李德志. 企业合规审计的分类及方法分析［J］. 财经问题研究，2020（10）：139-142.

［83］万方. 企业合规刑事化的发展及启示［J］. 中国刑事法杂志，2019（2）：47-67.

［84］王敬国，潘红玉，赵立平. 企业合规管理研究述评与展望［J］. 会计研究，2019（3）：21-30.

［85］王蕾. 企业合规管理中的问题及对策研究［J］. 当代经济，2019（24）：40-42.

［86］王翔宇，孙丽娟. 企业合规审计程序及其优化研究［J］. 审计与经济研究，2017，12（1）：56-62。

［87］王欣，吴凯. 税务风险管理对企业税务筹划的影响［J］. 财务与会计，2020（3）：41-44.

[88] 王旭东, 刘晓光. 内部审计具体准则与内部控制审计的关系研究[J]. 会计研究, 2018, 9 (3): 45-53.

[89] 王湛. 内部控制外部化的思考[J]. 会计研究, 2001 (11): 29-32.

[90] 王忠, 潘盼. 企业合规审计的程序及其改进探析[J]. 现代财经, 2021 (4): 72-74.

[91] 王灼东. 企业涉税风险管理的必要性与可行性分析[J]. 中国市场, 2015 (29): 160-161.

[92] 魏明. 关于民营企业财务合规与业务发展的几点思考[J]. 经贸实践, 2018 (4): 320-321.

[93] 魏祥华, 张金鹏, 曹燕. 企业合规风险的评估与防控[J]. 管理评论, 2015 (1): 73-80.

[94] 温广琴, 邵亚男. 谈风险分析在税务审计调查中的应用[J]. 北方经贸, 2005 (5): 50-51.

[95] 吴江. 税务风险管理制度构建研究[J]. 国际税务研究, 2019 (2): 6-12.

[96] 肖尧, 许敏锐. 略谈中央企业全面风险管理 合规管理与内部控制[J]. 国有资产管理, 2021 (7): 11-14.

[97] 谢泽伟, 谢军. 企业税务合规风险及应对策略研究[J]. 科技与企业, 2019 (9): 117-118.

[98] 邢娟. 论企业合规管理[J]. 企业经济, 2010 (4): 3.

[99] 熊汝波. 强化企业合同管理——依法合规运行的建议[J]. 企业界, 2015 (7): 2.

[100] 徐向红. 公司治理合规措施研究[J]. 市场周刊, 2019 (2): 55-56.

[101] 许宇辰. 税务合规管理研究综述[J]. 中国财政, 2017 (12): 54-58.

[102] 闫国睿, 李甲琳. 国有企业内部控制审计案例分析[J]. 河北企业, 2022 (8): 43-45.

[103] 颜世姣. 我国拟上市企业税务风险研究[D] 上海: 上海财经大学, 2022.

[104] 杨海春,赵璞.中国企业合规审计法律制度研究[J].云南财经大学学报,2016,31(6),31-38.

[105] 杨军,刘嘉瑶.证券投资者适当性制度比较与启示——兼评我国《证券期货投资者适当性管理办法》[J].金融理论与实践,2019(10):59-64.

[106] 杨军.浅析税务合规管理的内涵及其实施[J].财经问题研究,2018(1):114-118.

[107] 杨玲燕,李登明."互联网+"下中小企业物流管理优化性研究[J].电子商务,2020(5):7-8.

[108] 杨柳,胡晓晓.税务合规背景下企业自查风险管理实践[J].国际商务,2021(3):102-103.

[109] 杨涛,何璇.ISO 19600《合规管理体系——指南》国际标准解读[J].大众标准化,2017(5):43-45.

[110] 杨卫.企业税务风险分类及防范对策探析[J].会计与经济研究,2015(6):75-76.

[111] 叶陈刚.公司治理视角的内部控制机制研究[J].企业经济,2011,30(3):5-9.

[112] 张建宏.基于风险管理的税务合规性评价模型研究[J].税务研究,2018(3):42-47.

[113] 张建忠,刘永平.论税务合规及其对企业发展的影响[J].现代经济,2019(11):60-62.

[114] 张洁.公司治理合规措施研究与实践[J].中外企业家,2019(11):26-29.

[115] 张金川.内部控制审计中的风险控制问题研究[J].财会通讯,2019(11):25-27.

[116] 张锦强.企业合规审计的内涵及实践探析[J].会计与经济研究,2017(3):68-72.

[117] 张莉.税务筹划合规性的实证分析[J].税务研究,2019(11):20-26.

[118] 张蔷. 公司治理合规风险防范策略研究［J］. 商业经济研究, 2020（3）: 49-51.

[119] 张瑞红, 徐婷婷. 企业合规审计程序的构建及改进研究［J］. 内部控制与会计信息化, 2016, 6（3）: 72-79。

[120] 张铁薇, 刘旭杰. 隐私科技驱动下金融数据合规的治理路径［J］. 商业研究, 2022（6）: 145-152.

[121] 张伟光. 浅谈合规文化建设［J］. 企业改革与管理, 2014（12）: 49-49.

[122] 张晓娟, 赵晓宇. 合规审计依据及其规范化研究［J］. 审计与经济研究, 2016（4）: 36-43.

[123] 张馨慧, 董剑锋. 浅析企业合规审计内容的丰富化路径［J］. 会计研究, 2020（12）: 69-74.

[124] 张兴文. 税务风险管理与税务合规［J］. 国际税务研究, 2020（2）: 32-36.

[125] 张彦红. 企业合规审计的原则与实现路径［J］. 云南财经大学学报, 2020, 35（2）: 84-91.

[126] 张彦婕. 中小银行合规管理研究——基于包商银行案例分析［J］. 中国市场, 2022（30）: 65-67.

[127] 张洋. 公司治理合规的问题及其对策研究［J］. 商业研究, 2018（7）: 111-114.

[128] 张颖, 郑洪涛. 我国企业内部控制有效性及其影响因素的调查与分析［J］. 审计研究, 2010（1）: 7+75-81.

[129] 赵红卫. 谈会计的真实性与变通的关系［J］. 中国总会计师, 2016（10）: 102-104.

[130] 赵万一. 合规制度的公司法设计及其实现路径［J］. 中国法学, 2020（2）: 69-88.

[131] 赵宇. 企业知识产权合规管理的现状分析与应对措施［J］. 中国集体经济, 2022（9）: 126-127.

[132] 赵志强，周兵. 内部审计具体准则对企业内部控制审计的影响研究［J］，财经研究，2019，10（4）：89-95.

[133] 郑晓菲，李斌. 合规审计依据研究述评［J］，内部审计研究，2019，5（2）：78-85.

[134] 钟波，杨祥. 公司治理合规措施研究［J］. 现代经济情报，2020（4）：85-89.

[135] 周峰，郑洁. 税务合规管理下的企业自我评估［J］. 会计观察，2019（12）：92-95.

[136] 周荣，刘兴. 增值税税负影响因素及减负途径研究［J］. 税务研究，2018（8）：26-33.

[137] 周瑞，张维新. 公司治理合规风险评估及其控制［J］. 金融经济学研究，2019（12）：105-107.

[138] 朱彩霞，张淑君. 基于合规风险的公司治理监督机制研究［J］. 马克思主义与现实，2020（4）：181-183.

[139] 朱宏博. 合规管理与风险管理、内部控制、内部审计之异同研究［J］. 审计与理财，2021（3）：53-54.

[140] 朱士万，荣怡. 以税务审计为核心的大企业税收风险管理研究［J］. 天津经济，2017（12）：44-48.

[141] Abdullah N S, Indulska M, Sadiq S. Compliance management ontology–a shared conceptualization for research and practice in compliance management［J］. Information Systems Frontiers，2016（18）：995-1020.

[142] Arena M, Arnaboldi M, Azzone G. The organizational dynamics of enterprise risk management［J］. Accounting，Organizations and Society，2010，35（7）：659-675.

[143] Baker R, Gibbs M, Holmstrom S. The effectiveness of compliance-based management systems：A meta-analysis［J］. Journal of Business Ethics，2016，138（4）：665-682.

[144] Bird R C, Park S K. Turning corporate compliance into competitive advantage [J]. U. Pa. J. Bus. L., 2016 (19): 285.

[145] Chen C W, Huang Y H, Lee C H. The effect of board diversity on corporate compliance with international governance standards [J]. Journal of Business Research, 2018 (89): 196-206.

[146] Chen W, et al. Tax risk management: a literature review and future research agenda [J]. Journal of Accounting Literature, 2020 (44): 1-19.

[147] Choi J H, Lee J Y. The impact of compliance management on firm performance: The moderating effect of CEO characteristics [J]. Sustainability, 2019, 11 (8): 2253.

[148] Ford C, Hess D. Can corporate monitor ships improve corporate compliance? [J]. J. Corp. L., 2008 (34): 679.

[149] Gao L, Liu H, Wu W. Corporate governance and risk disclosure: Evidence from China [J]. Journal of International Accounting Research, 2019, 18 (1): 27-48.

[150] Grigg J. The future off in ascend regulatory compliance [J]. Journal of Financial Regulation and Compliance, 2018, 26 (1): 22-35.

[151] H Liu. Counter measures for tax compliance risks in enterprises [J]. Finance and Accounting Monthly, 2019, 24 (3): 13-18.

[152] J Chen. On the origin of tax compliance [J]. Journal of Legal, Ethical and Regulatory Issues, 2016, 20 (2): 1-10.

[153] J Xu. Classification and evaluation of corporate tax risks [J]. China Taxation, 2017, 12 (2): 23-29.

[154] Krasikova E A, Green S G, Le Breton J M. Regulatory focus and financial reporting fraud [J]. Journal of Business Ethics, 2017, 157 (1): 65-83.

[155] Krepysheva A M, Sergievskaya A A, Storchevoy M A. Definition and measurement of risk in compliance management [J]. Strategic decisions and risk management, 2020, 11 (2): 150-159.

[156] L Huang. The basic regulations of corporate income tax compliance: a comparative study [J]. Journal of Taxation Research, 2019, 32 (4): 1-18.

[157] Li J. Tax compliance: an overview of the concept and its development [J]. Frontiers of Lawin China, 2015, 10 (3): 393-411.

[158] Lin C, Li Z, Li M. Board gender diversity, corporate governance, and compliance with mandatory disclosure requirements in emerging markets [J]. Journal of Business Ethics, 2020, 162 (2): 445-466.

[159] M Wang. The elements of tax compliance: a comparative study [J]. Journal of Comparative Law, 2019, 5 (3): 1-325.

[160] Miriam Hechler Baer. Governing corporate compliance [J]. BCL Rev, 2009 (50): 949.

[161] Muhr S L, Sørensen B M, Vallentin S. Ethics and organizational practice: questioning the moral foundations of management [J]. Edward Elgar Publishing, 2010.

[162] Parker C, Gilad S. Internal corporate compliance management systems: structure, culture and agency [J]. Explaining compliance: Business responses to regulation, 2011 (1): 170-197.

[163] Parker C, Nielsen V L. Corporate compliance systems: could they make any difference?[J]. Administration & Society, 2009, 41 (1): 3-37.

[164] Sarma N, Singh P. Corporate governance and compliance: evidence from india [J]. Corporate Governance: The International Journal of Business in Society, 2020, 20 (2): 292-309.

[165] Wang W, et al. Corporate tax planning and compliance: a review of the literature and directions for future research [J]. Journal of International Accounting Research, 2021, 20 (1): 1-22.

[166] Wang X, Zhang X, He Z. Corporate governance, accounting conservatism and compliance with mandatory disclosure requirements in China [J]. Accounting and Finance, 2017, 57 (5): 1371-1400.

[167] X Gao. Basic principles of tax compliance [J]. Tax Research, 2018, 10 (2): 1-6.

[168] Xu H, Li S, Lu Q. The effect of internal audit quality on compliance with mandatory disclosure regulations [J]. Accounting Research Journal, 2018, 31 (2): 231-245.

[169] Yang Y, Li X, Yan C. The impact of compliance management on corporate performance: evidence from China [J]. Sustainability, 2017, 9 (5): 852.

[170] Yockey J W. The compliance case for social enterprise [J]. Mich. Bus. & Entrepreneurial L. Rev, 2014 (4): 1.

[171] You J H, Kim S H. Board independence and corporate social responsibility disclosure: evidence from korea [J]. Corporate Social Responsibility and Environmental Management, 2020, 27 (2): 751-763.

[172] Z Zhang. The regulations of consumption tax compliance: a comparative study [J]. China Taxation Law Review, 2019, 27 (2): 123-145.

[173] Zhang J, et al. Determinants of corporate tax compliance: a literature review [J]. Journal of Accounting Literature, 2016 (37): 1-15.

[174] Zhu Q, Zhang J. The impact of corporate governance on corporate social responsibility: evidence from China [J]. Sustainability, 2020, 12 (11): 45-47.